抱っこしたくなる
あみぐるみ

眞道美恵子

JN025453

日本文芸社

CONTENTS

P.6 トイプードル／おすわり
How to make 🐾 P.53

P.7 トイプードル／立ち
How to make 🐾 P.56

P.10 パピヨン／おすわり
How to make 🐾 P.59

P.12 ロングコートチワワ／伏せ
How to make 🐾 P.62

P.13 ロングコートチワワ／おすわり
How to make 🐾 P.65

Hello~♪

P.16 ポメラニアン／おすわり
How to make 🐾 P.68

P.19 ポメラニアン／立ち
How to make 🐾 P.71

●印刷物のため現物と色が異なる場合があります。ご了承ください。
●糸や用具の表示内容は 2020 年 11 月のものです。

P.21 ダックスフント／伏せ
How to make 🐾 P.74

P.24 ダックスフント／立ち
How to make 🐾 P.77

P.28 マルチーズ／おすわり
How to make 🐾 P.80

P.30 シュナウザー／おすわり
How to make 🐾 P.83

P.34 シーズー／伏せ
How to make 🐾 P.86

P.36 ヨークシャーテリア／おすわり
How to make 🐾 P.89

P.38 ビションフリーゼ／立ち
How to make 🐾 P.92

P.40 必要な用具と材料

P.41 あみぐるみワンコの作り方

P.53 How to make

P.95 編み目記号表

はじめに

毛糸玉がかぎ針によって形になり、モフモフした顔に目と鼻がついたとたん
ワンちゃんの顔が「こんにちは」と現れる。
それは驚きと共に、心躍る瞬間です。

犬のあみぐるみは、作る人にとっても、贈られた方にとっても、
温かく幸せな気持ちにさせる力があります。
一緒に暮らしているワンちゃんのあみぐるみなら、愛おしさもひとしお。

この本では、ご家庭でよく飼われている
10犬種14点のワンちゃんの作り方を紹介しています。
毛糸で編んだあみぐるみに「植毛」という独自な技法で
本物らしいワンちゃんに作り上げていきます。
思わず抱っこしたくなる、サイズ感も大切にしました。
実は、この本のトイプードルのモデルは我が家の愛犬です。

毛糸をワンちゃんの色に合わせたり、カットやヘアスタイルもアレンジして、
あなただけのあみぐるみ作りを楽しんでくださいね。

植毛の手順やカットの方法は、動画やあみぐるみ教室でもご紹介しています。
奥付(P.96)も合わせてごらんください。

この本を手に取ってくださった方が、手作りの喜びと満ち足りた時間を
受け取っていただけたらとてもうれしいです。

眞道美恵子

トイプードル／おすわり

耳を少し長めにした人気のレッド。スリッカー
ブラシでほぐすとトイプードルらしい巻き毛
になります。

How to make 🐾 P.53

トイプードル／立ち

極太毛糸1色で作る定番のアプリコット＆テディベアカット。他にもいろいろなトリミングを楽しんで。

How to make 🐾 P.56

パピヨン／おすわり

羽を広げたパピヨン（蝶）のような大きな耳が
チャームポイント。耳と胸にたっぷりの飾り
毛をつけることでエレガントな佇まいに。

How to make 🐾 P.59

Long Coat
Chihuahua

ロングコートチワワ／伏せ

クリーム＆ホワイトの元気いっぱいな小型犬。
大きな目と小さな体のバランスがかわいら
しい。

How to make 🐾 P.62

ロングコートチワワ／おすわり

人気のあるブラックタンは、眉毛のような模
様がポイント。本物と同じくらいのコンパク
トサイズです。

How to make 🐾 P.65

ポメラニアン／おすわり

オレンジと呼ばれる明るい毛色を再現。
長くて豊かな被毛とキュートな顔立ちで
人気です。

How to make 🐾 P.68

ポメラニアン／立ち

明るくて活発な性格。目の上やマズル、
胸に入ったブラックタン・マーキングが
ポイントです。

How to make 🐾 P.71

Dachshund

ダックスフント／伏せ

クリーム色の優しい雰囲気が魅力。おでこ部
分は、頭の形に沿って羊毛フェルトの針で押
さえて仕上げます。

How to make 🐾 P.74

ダックスフント／立ち

4色の毛糸で複雑な毛色を表現。茶系
の毛糸のバリエーションは豊富なので、
配色はお好みで。

How to make 🐾 P.77

マルチーズ／おすわり

真っ白な細い毛糸をたっぷり植毛。イソップ
物語に癒しの犬として登場するほど、その穏
やかな佇まいに気持ちが和みます。

How to make 🐾 P.80

Schnauzer

シュナウザー／おすわり

ソルト＆ペッパーと呼ばれる白と黒こしょ
うの毛色が人気。あし先の毛糸を長く残し
てブーツカットにするとスタイリッシュな
雰囲気に。

How to make 🐾 P.83

Long Coat Chihuahua
cream&white

Long Coat Chihuahua
black&white

Shih Tzu

Do you know
Who I am ?

Let's go
for a walk.

Yorkshire Terrier

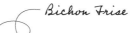
Bichon Frise

I'm pure white
and manmaru.

シーズー／伏せ

少しずつ色が異なる茶系の毛糸を混ぜて表
現。鼻の周りから毛がはねるように植毛する
と、愛嬌のあるまん丸な顔立ちが際立ちます。

How to make 🐾 P.86

Yorkshire
Terrier

ヨークシャーテリア／おすわり

長い毛足と、背中のスチールブルーと呼ばれ
る毛色が魅力。長い毛を生かして、リボンを
使ったおしゃれなヘアスタイルを楽しんで。

How to make 🐾 P.89

Bichon Frise

ビションフリーゼ／立ち

綿菓子のようなふわふわの毛とフォル
ムが魅力。パウダーパフというトリミ
ングをはじめ、いろいろなスタイルに
チャレンジしてみて。

How to make 🐾 P.92

必要な用具と材料

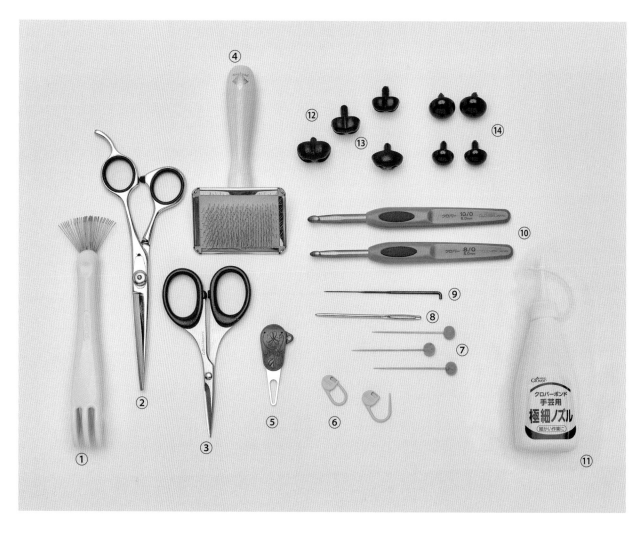

①アップリケパンチャー用　押さえ手／目の周り
　など細かい部分の糸を押さえる作業で使用。
②カット用ハサミ／植毛した糸をカットする。
③糸切りバサミ／糸を切る。
④スリッカーブラシ／通常は犬のお手入れ用ブ
　ラシ。この本では植毛した糸をほぐす際に使用。
⑤ニッティングスレダー／毛糸用の糸通し。
⑥段数マーカー／段数のカウントに編み目につけ
　る目印。
⑦あみもの用待ち針／パーツをとじ合わせる際に
　止める。
⑧太番手用とじ針／パーツのとじ合わせや植毛
　の際に使用。

⑨フェルトパンチャー替針／通常は羊毛フェルト
　用。この本では針だけをそのまま使用。
⑩かぎ針「ペン-E」／あみぐるみの土台を編む。
⑪クロバー手芸ボンド極細ノズル／鼻ボタンや
　目ボタンを接着させる。
⑫ドッグノーズ 黒（■／四角：18mm、20mm、23mm）
　2個入り
⑬アニマルノーズ 黒（▼／三角：21mm）2個入り
⑭サシ目 黒（15mm、18mm）2個入り／差し込み軸
　がついた鼻、目玉のパーツ。

①、⑤〜⑪／クロバー
⑫〜⑭／クラフトハートトーカイ（藤久株式会社）

あみぐるみワンコの作り方

あみぐるみワンコの作り方には、全犬種共通の部分と犬種ごとに異なる部分があります。ここでは基本となる共通の作り方を紹介。次ページから続くプロセスページとP.53〜の犬種ごとのHow to makeページと合わせて、お気に入りのワンコを作ってみましょう。

基本の作り方
● ● ● ● ● ● ● ● ● ● ● ●
1 編み図のとおりに各パーツを編む。編み終わりの糸はすべて30cmほど残しておく。
2 耳以外の各パーツに手芸綿を入れる（めやすは固めのクッションくらい）。
3 ポーズに合わせて、各パーツを体パーツにとじ合わせる。
　 目ボタン、鼻ボタンを差し込む。
4 植毛する。
5 スリッカーブラシで毛糸をほぐしながら、ハサミで好みの形にカットする。
6 ブラッシングとカットを繰り返して、羊毛フェルトの針で形を整える。
7 目ボタン鼻ボタンのバランスを確認して、手芸用ボンドでつける。

基本の組み立て方
● ● ● ● ● ● ● ● ● ● ● ●
あみぐるみワンコは、おすわりポーズ、立ちポーズ、伏せポーズの3タイプ。
ポーズごとに各パーツを組み立て、『土台』を完成させましょう。

※マズルと耳のつけ方はP.53〜のHow to makeをご覧ください。
※編み手によって、毛糸の量やパーツのサイズが増減する可能性があります。またメーカーによって綿の分量に差が出ることもあります。その場合は、バランス重視で調整しましょう。

土台のパーツ

頭　マズル　耳×2　体　前あし×2　しっぽ　後ろあし×2

基本のパーツは全部で10個（巻いて作る耳の犬は8個）。組み立てたものが土台になる。

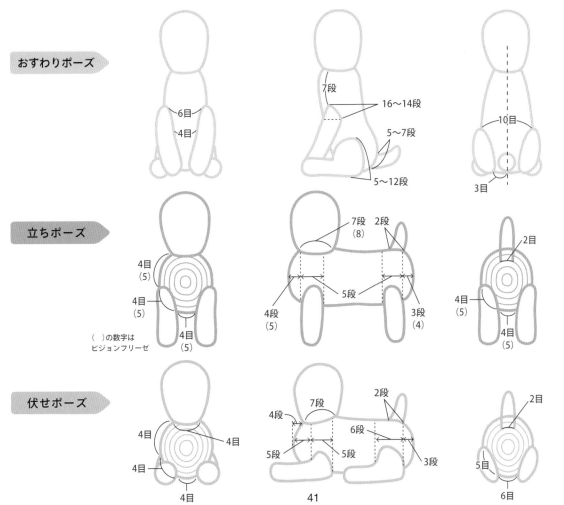

おすわりポーズ

〜6目
〜4目

7段
16〜14段
5〜7段
5〜12段

10目
3目

立ちポーズ

4目
(5)
4目
(5)
4目
(5)

（　）の数字はビジョンフリーゼ

7段
(8)
2段
5段
4段
(5)
3段
(4)

2目
4目
(5)
4目
(5)

伏せポーズ

4目
4目
4目
4目

7段
4段
2段
6段
5段
5段
3段

2目
5目
6目

41

わの作り目を作る ※糸は2本引きそろえ

P.53 〜の『トイプードル / おすわり』の How to make ページと合わせてご覧ください。
耳とマズル以外のパーツは、すべてわの作り目から始まります。指に糸を2回巻く作り方でも OK。

01 針を糸の後ろに当て、反時計回りに針先を手前に回す。

02 針に糸が巻きつき、わができる。

03 左手の親指で押さえているところは、このように糸が交差する。

04 針に糸をかけ、わの中に引き抜く。

05 引き抜いたところ。

わの1段目を編む （×＝細編み）

01 針に糸をかけ、もう一度引き抜く（くさり編み）。

02 1段目の立ち上がりが完成。

03 わの中に針を入れ、編みはじめの糸端を拾う。

04 糸をかけ、引き抜く。

05 針に2ループかかる。

06 針に糸をかけ、2ループを一緒に引き抜く。

07 1目めの細編みが完成。

08 2段目の編みはじめの印に、1段目の1目めの細編みの頭に段数マーカーをつける。

09 03〜07をあと5回繰り返し、細編みを6目編み入れる。

10 1段目の細編み6目が編めたところ。

11 針を一旦外し、編んだところを押さえながら糸端を引きしぼる。

12 わが引き締まり、円形になる。

13 針を戻し、段数マーカーをつけた1目めの細編みの頭2本に針を入れ、段数マーカーを外す。

14 針に糸をかけ、2ループを一緒に引き抜く（引き抜き編み）。1段目の完成。

2段目を編む（W/V＝細編み2目編み入れる）

01 くさり編みを1目編む（2段目の立ち上がり）。

02 立ち上がりのくさり編みの根元に針を入れ、細編みを1目編む。

03 1目の細編みの頭に段数マーカーをつける

04 1目めと同じ位置に針を入れ、細編みをもう1目編む（細編み2目編み入れる）。

05 1段目6目の細編みの頭に2目ずつ細編みを編む。2段目は12目の細編みを編む。3段目からは編み図のとおりに編む。

マズルの編み方

01 くさり編みを4目編む。

02 立ち上がりのくさりを1目編む。

03 4目めのくさり編みの手前1本に針を入れる。

04 細編みを1目編む。

05 1目めの細編みの頭に段数マーカーをつける（2段目に上がるときの目印）。

06 となりの目にも細編みを編む。

07 くさり編みの端まで細編みを4目編む。

08 4目めにもう1目細編みを編む。

09 端の4目めに細編みを2目編んだところ。

10 編み地をまわして、同じところにもう1目細編みを編む。

11 同じ目に細編み3目が編めたところ。

12 となりの目に細編みを1目ずつ3目編む。

13 同じ目にもう1目細編みを編む。

14 段数マーカーをつけた1目めの細編みの頭2本に針を入れ、引き抜き編みをする。

15 マズル1段目が完成。2段目以降、編み図のとおりに編む。

後ろあしの編み方 ※8段目(⋎=細編み5目編み入れる)

01 わの作り目7目で7段編む。

02 8段目に細編みを3目編む。

03 4目めに細編み5目を編み入れる。

04 3目の細編みを編み、8段目が完成(後ろあしの折れ曲がる部分)。

前あし、後ろあしともに、土台にとじ合わせる際は、編み図の立ち上がり側は後ろ、または下になる。

あし先の編み方 (⏀=中長編み3目の変わり玉編み)

パピヨン(P.61)、ロングコートチワワ(P.64、67)、ヨークシャーテリア(P.91)のあしの作り方と合わせてご覧ください。

01 わの作り目で細編みを8目編む。

02 2段目に細編みを2目編む(1目めの細編みの頭に段数マーカーをつけておく)。

03 針に糸をかけ、次の目に針を入れる。

04 糸をかけ引き抜き、少し長めに糸を引き出す。

05 03、04を後2回繰り返すと、針に7ループかかる。

06 糸をかけ、右端の1ループを残して一度に6ループを引き抜く。

07 もう一度糸をかけ、残った2ループを引き抜く。

08 中長編み3目の変わり玉編みが完成。

09 同様に3回繰り返し、細編みを2目編んだら完成。

体とあしをとじ合わせる

◆おすわりポーズの場合

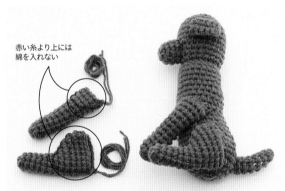

赤い糸より上には綿を入れない

各パーツは、編み終わりに残した糸をとじ針に通し、とじ合わせる。組み立ては頭にマズルをつけ、あとは体に頭→あし→しっぽ→耳の順番でつける。

[綿の入れ方]

あしの綿はあし先だけに入れ、体につける部分には入れない。赤い糸位置を目安に体にとじ合わせるため、内側の編み地の厚みが綿のかわりになる。頭、体、マズル、しっぽは編み地の上までしっかり綿を入れる（全ポーズ共通）。

01 後ろあしをとじ合わせる位置（P.41参照）に、待ち針でとめる。

02 30cmほど残しておいた編み終わりの糸をとじ針に通し、体から1目すくう。

03 後ろあしは表側の細編みの足（縦の糸）をすくう。
※とじ合わせるのは表側のみ。

04 体とあしを交互にコの字にはいでいく。

05 コの字にはいだところ。

06 後ろあしの開き口をとじ合わせたところ。

07 体に沿わせて内側をとじ合わせる。

08 内側をとじると後ろあしが開かず、形よく仕上がる。

09 前あしも同様につける。体の内側は3段が目安。

◆立ちポーズの場合

［綿の入れ方］

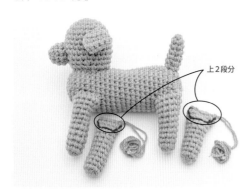

上2段分

上2段分は綿を少なめにする。

［体とあしのつけ方］

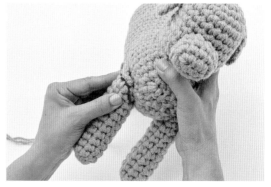

あしの内側の体にあたる部分を折り込むようにつける。赤い糸位置を目安に体にとじ合わせる。

◆ふせポーズの場合

P.47のおすわりポーズの後ろあしのつけ方参照。

植毛の仕方

土台が1色の場合は植毛も1色です。ここでは土台の色に合わせて植毛する方法と、好きな毛色を好きな位置に植毛する方法を紹介。
P.77の作り方と合わせてご覧ください。

[糸の準備]

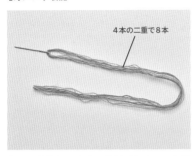

4本の二重で8本

糸が通しにくいときは、
ニッティングスレダー
を使うと便利。

糸は4本引きそろえを二重（8本）にしてとじ針に通し、60cm程度でカットする。
※トイプードル、シュナウザー、ビションフリーゼは2本引きそろえを二重にする。

[体と後頭部の植毛の仕方]

01 面積の広い体後頭部は、1.5cm間隔を目安に待ち針で印をつける。

02 一列印をつけたら、二列目はその間につける。

03 待ち針を刺した部分を1針すくう。

04 土台と色と変えたい場合、異なる色の糸を用意する。植毛の長さ＋2cm程度の長さを残し、糸を引く。

05 **03**で刺した位置に針を戻し、返し縫いする。

06 糸が絡みやすいので、指でおさえながらつける。

07 **04**で残した糸の長さに合わせてカットする。

08 一列植毛したところ。

09 二列目は一列目との間に**04**〜**07**を繰り返し、同様に糸をつける。

10 二列つけたところ。**04**〜**07**を繰り返し、体と後頭部に1.5cm間隔で植毛する。土台と同じ色の糸を植毛する場合も同じ。

［顔正面とマズル・耳・あしの植毛の仕方］ ※トイプードル、ビションフリーゼの顔正面は体の植毛の仕方と同じ

01 顔正面とあしは、1cm 間隔で待ち針を刺し、細かく植毛する。

02 待ち針を刺した部分を1針すくう。

03 仕上がりの長さ＋2cm 程度の長さを残し、糸を引きカットする。

04 この部分は、返し縫いは不要。

05 糸をつけた根本を羊毛フェルトの針で刺して、糸を絡める。

06 少し引っ張って、抜けなければOK。
※刺し方が足りないとブラシをかける際、糸が抜けやすくなる。

07 土台の色に合わせて真ん中部分は糸を替え、**02〜06**を繰り返す。マズル全体に植毛するとこうになる。

全体を植毛するとこうなる。

［糸のほぐし方とカットの仕方］

01 糸をつけた根元を指で押さえながら、スリッカーブラシをかける。

02 いろいろな方向から糸をかき分けながらブラシをかける（写真はマズルの植毛途中）。

03 マズル全体の糸がほぐれたところ。

［植毛のカットの仕方］

01 仕上がりの長さを目安にハサミでカットする（一気に短くせず、様子を見ながら少しずつ）。

02 カットの最中にほぐれていない糸が出てきたら、再びブラシをかけその後カットする。

03 マズルのカットが終わったところ。毛足の長い犬種（トイプードルやシュナウザーなど）は、このようにカットで形を整えたら完成。

毛足が短い犬種の場合

短い糸はブラシでほぐすと抜けやすくなるため、カットした後に羊毛フェルトの針で、もう一度根元を刺しておく。

毛足が長い犬種の場合

毛足の長い部分は毛流れをつけながら整える。目の周りやマズルの上をすっきりさせると表情が豊かになる。

 糸をほぐす際に細かい毛が飛ぶので、吸い込まないようマスクなどの着用をおすすめします。

[顔の仕上げ方（毛足の短いダックスフントやパピヨン、チワワなど）]

01 毛流れに合わせて羊毛フェルトの針で植毛した糸を刺す。

02 マズルの形に合わせて糸全体を絡めるようにする。

03 ボリューム感をおさえたマズルの完成。顔も同様に仕上げる。

[眉毛の作り方]

🐾 目ボタンをつけたまま、毛をほぐしたり、毛流れを作りたいときは「押さえ手」を使うと便利。

写真の位置に、番号順にストレートステッチで刺繍する（糸は引きすぎず、ふんわりと）。ブラシで毛をほぐして、毛流れに沿って羊毛フェルトの針で整え、眉尻側の糸の輪をカットし、ブラシでなじませる。
出＝針を出す位置
入＝針を入れる位置

[植毛しないところ]

立ちポーズと伏せポーズは、立ったとき、伏せたときに見えないお腹部分は植毛しない。

 編み地が気になる場合は、スリッカーブラシで起毛するか、ごく短く植毛しましょう。

おすわりポーズは、前あし、後ろあしがかさなるお腹と、おしり周りには植毛しない。

[巻いて作る耳の作り方]

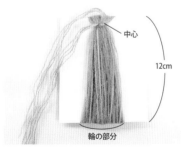

01 長さ12cm程度の厚紙に糸を30回巻きつけ、約50cmの糸で、中心を2重に結ぶ（ダックスフントは14cm）。

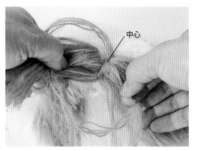

02 輪になっている部分をカットし、中心を結んだ糸をとじ針に通し、頭に縫いつける。もう一方の糸端も同様にし、糸先は耳下で固結びする。

03 毛先を揃えて耳全体を羊毛フェルトの針でからめて整える。

トイプードル／おすわり　P.6　出来上がりサイズ　高さ30cm×長さ20cm

用具と材料　●土台はアクリル極太2本引きそろえて編む。

部　位		使用糸	糸色	色番号	使用量	引きそろえ	使用かぎ針	ボタン	手芸綿
土台		アクリル極太	モカ	114	220g	2本	10/0号	目/15mm	50g
植毛	A	アクリル極太	モカ	114	100g	2本		鼻/■18mm	

※(株)元廣、Pandra House限定カラー

植毛

植毛位置	使用糸	毛足の長さ（cm）
頭		2
体		3〜5
しっぽ	A	5
マズル		2
あし		2
耳		7〜12

正面　　　　　　側面　　　　　　後ろ

植毛の長さと顔パーツつけ位置

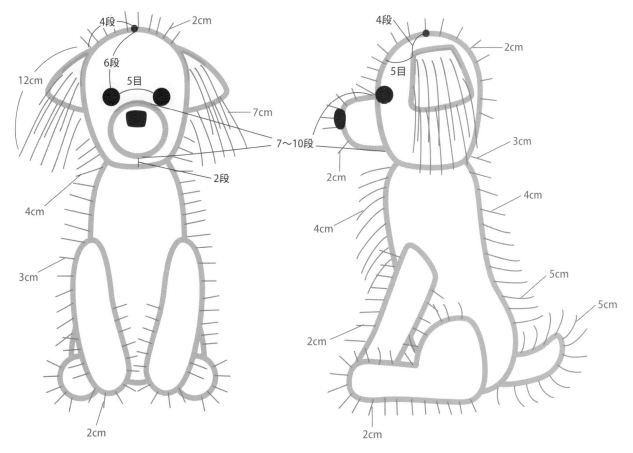

● 植毛にはアクリル極太を2本引きそろえて使う。

● 耳のつけ根には植毛せずに、下に向かって糸を重ねるように植毛する。

● カットとブラッシングを繰り返し、好きな形に整える。

● 　　　部分を羊毛フェルトの針で押さえる。

∧ = ⋀ ∨ = ⋁ ＝細編み3目編み入れる
∨ = ⋁ ⋁ ＝細編み5目編み入れる

体1枚

前中心

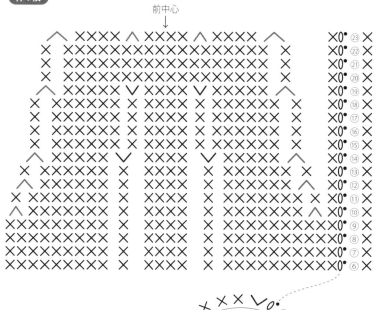

段数	目数	増減数
㉓	18目	4目減
㉒		
㉑	22目	増減なし
⑳		
⑲	22目	図参照
⑱		
⑰	22目	増減なし
⑯		
⑮		
⑭	22目	図参照
⑬	22目	増減なし
⑫	22目	2目減
⑪	24目	増減なし
⑩	24目	2目減
⑨		
⑧	26目	増減なし
⑦		
⑥		
⑤	26目	2目増
④	24目	6目増
③	18目	6目増
②	12目	6目増
①	わの作り目に細編み6目編み入れる	

頭1枚

前中心

段数	目数	増減数
⑫	18目	増減なし
⑪	18目	4目減
⑩	22目	2目減
⑨		
⑧		
⑦	24目	増減なし
⑥		
⑤		
④	24目	6目増
③	18目	6目増
②	12目	6目増
①	わの作り目に細編み6目編み入れる	

前あし2枚

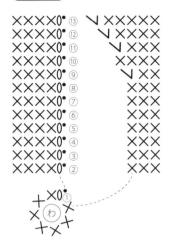

段数	目数	増減数
⑬	11目	1目増
⑫	10目	1目増
⑪	9目	1目増
⑩	8目	増減なし
⑨	8目	1目増
⑧		
⑦		
⑥		
⑤	7目	増減なし
④		
③		
②		
①	わの作り目に細編み 7目編み入れる	

後ろあし2枚

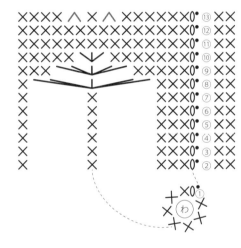

段数	目数	増減数
⑬	15目	2目減
⑫	17目	増減なし
⑪		
⑩	17目	2目増
⑨	15目	4目増
⑧	11目	4目増
⑦		
⑥		
⑤	7目	増減なし
④		
③		
②		
①	わの作り目に細編み 7目編み入れる	

耳2枚

下

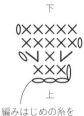

上

編みはじめの糸を
30cm残す

段数	目数	増減数
④	5目	増減なし
③		
②	5目	2目増
①	くさりの作り目に細編み 3目編み入れる	

マズル1枚

下

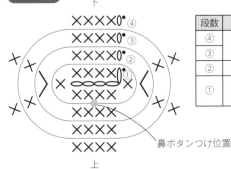

上

鼻ボタンつけ位置

段数	目数	増減数
④	12目	増減なし
③		
②	12目	2目増
①	くさりの作り目に細編み 10目編み入れる	

しっぽ1枚

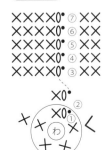

段数	目数	増減数
⑦		
⑥		
⑤	6目	増減なし
④		
③		
②	6目	1目増
①	わの作り目に細編み 5目編み入れる	

トイプードル／立ち　P.7　出来上がりサイズ　高さ27cm×長さ30cm

用具と材料
●土台はアクリル極太2本引きそろえて編む。

部　位		使用糸	糸　色	色番号	使用量	引きそろえ	使用かぎ針	ボタン	手芸綿
土台		アクリル極太	ベージュ	113	220g	2本	10/0号	目/15mm	50g
植毛	A	アクリル極太	ベージュ	113	100g	2本		鼻/■18mm	

※(株)元廣、Pandra House 限定カラー

植　毛

植毛位置	使用糸	毛足の長さ（cm）
頭		3
体		3〜3.5
しっぽ	A	3
マズル		2.5
あし		2.5
耳		5

正面

側面

後ろ

植毛の長さと顔パーツつけ位置

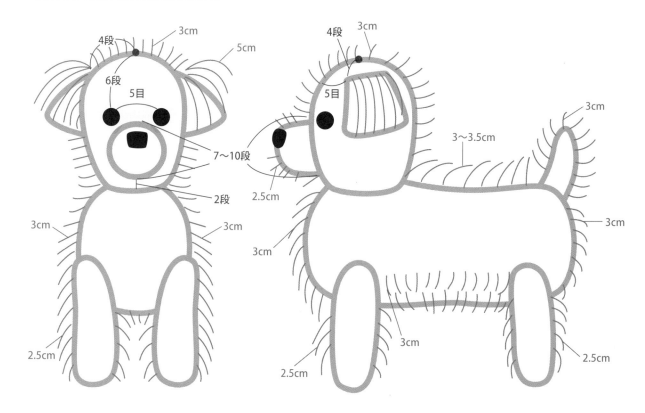

●植毛にはアクリル極太を2本引きそろえて使う。
●立ちにくくなるため、あし先は植毛しない。
●カットとブラッシングを繰り返し、好きな形に整える。
●目元がすっきりするように　　部分を羊毛フェルトの針で押さえる。

前　　　最終段6目に糸を通してしぼる（しぼる前に綿を詰める）

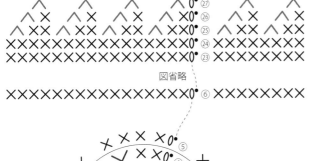

図省略

段数	目数	増減数
㉗	6目	6目減
㉖	12目	6目減
㉕	18目	6目減
㉔ ～ ⑤	24目	増減なし
④	24目	6目増
③	18目	6目増
②	12目	6目増
①	わの作り目に細編み 6目編み入れる	

前中心
↓

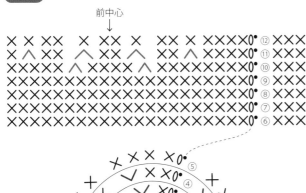

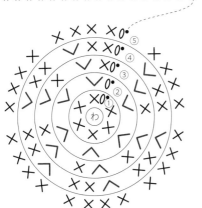

段数	目数	増減数
⑫	18目	増減なし
⑪	18目	4目減
⑩	22目	2目減
⑨ ⑧ ⑦ ⑥ ⑤	24目	増減なし
④	24目	6目増
③	18目	6目増
②	12目	6目増
①	わの作り目に細編み 6目編み入れる	

前あし2枚

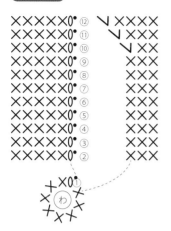

段数	目数	増減数
⑫	11目	1目増
⑪	10目	1目増
⑩	9目	1目増
⑨		
⑧		
⑦		
⑥	8目	増減なし
⑤		
④		
③		
②		
①	わの作り目に細編み 8目編み入れる	

後ろあし2枚

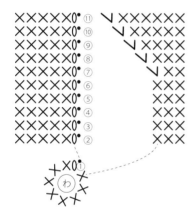

段数	目数	増減数
⑪	13目	1目増
⑩	12目	1目増
⑨	11目	1目増
⑧	10目	1目増
⑦	9目	1目増
⑥		
⑤		
④	8目	増減なし
③		
②		
①	わの作り目に細編み 8目編み入れる	

耳2枚

下

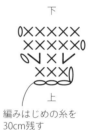

上

編みはじめの糸を
30cm残す

段数	目数	増減数
④	5目	増減なし
③		
②	5目	2目増
①	くさりの作り目に細編み 3目編み入れる	

マズル1枚

下

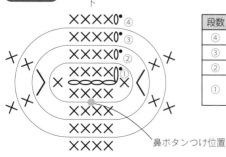

鼻ボタンつけ位置

上

段数	目数	増減数
④	12目	増減なし
③		
②	12目	2目増
①	くさりの作り目に細編み 10目編み入れる	

しっぽ1枚

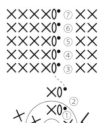

段数	目数	増減数
⑦		
⑥		
⑤	6目	増減なし
④		
③		
②	6目	1目増
①	わの作り目に細編み 5目編み入れる	

用具と材料

部　位		使用糸	糸色	色番号	使用量	引きそろえ	使用かぎ針
土台	A	ハマナカ ボニー	白	401	80g	1本	9/0号
		ハマナカ ピッコロ	白	1	25g	1本	
	B	ハマナカ ボニー	濃ベージュ	418	20g	1本	9/0号
		ハマナカ ピッコロ	金茶	21	10g	1本	
植毛	C	ハマナカ ピッコロ	白	1	40g	2本	
		ハマナカ モヘア	白	1	40g	2本	
	D	ハマナカ ピッコロ	金茶	21	20g	2本	
		ハマナカ モヘア	茶	92	20g	2本	

ボタン	手芸綿
目/15mm	40g
鼻/▼21mm	

●土台はボニー、ピッコロ各1
本ずつ、計2本引きそろえて
編む。

植　毛

植毛位置	使用糸	毛足の長さ（cm）
頭	C、D	1.5〜8
体	C、D	6〜8
しっぽ	C	7
マズル	C	1.5
あし	C	5（付け根のみ）
耳	D	9

正面　　　　　　側面　　　　　　後ろ

植毛の長さと顔パーツつけ位置

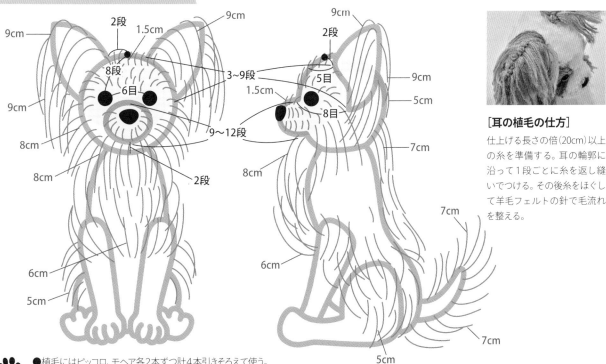

2段　1.5cm　9cm
9cm
8段
6目
9cm
8cm
8cm
2段
3〜9段
1.5cm
9〜12段
9cm
2段
5目
9cm
5cm
8目
8cm
7cm
7cm
5cm
6cm
5cm
6cm
6cm
5cm
7cm

［耳の植毛の仕方］

仕上げる長さの倍（20cm）以上
の糸を準備する。耳の輪郭に
沿って1段ごとに糸を返し縫
いでつける。その後糸をほぐし
て羊毛フェルトの針で毛流れ
を整える。

●植毛にはピッコロ、モヘア各2本ずつ計4本引きそろえて使う。
●耳は表側が白になるようにつける。
●顔は編み込み模様の色に合わせて植毛する（P.60頭の編み図参照）。
●あしは体についている部分のみ植毛し、あし先は植毛しない。
●おでこから後頭部にかけて（　　　部分）、頭の形が出るように羊毛フェルトの針で押さえる。

●耳の植毛をする前に、スリッカーブラシで表裏起毛させる。
●背中としっぽの付け根はD糸を植毛する（位置はお好みで）。

編み図

∧ = ⋀⋀
∨ = ⋁⋁
W = 細編み5目編み入れる
= 中長編み3目の変わり玉編み (P.46参照)
□ = A糸
▨ = B糸

体1枚

前中心
↓

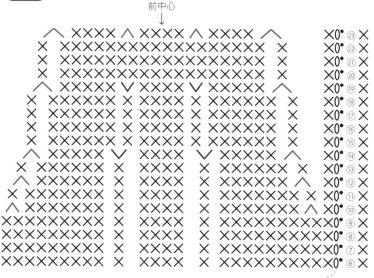

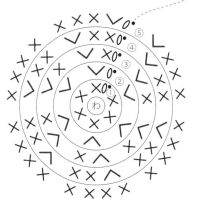

段数	目数	増減数	使用糸
㉓	18目	4目減	
㉒			
㉑	22目	増減なし	
⑳			
⑲	22目	図参照	
⑱			
⑰	22目	増減なし	
⑯			
⑮			
⑭	22目	図参照	
⑬	22目	増減なし	
⑫	22目	2目減	A
⑪	24目	増減なし	
⑩	24目	2目減	
⑨			
⑧	26目	増減なし	
⑦			
⑥			
⑤	26目	2目増	
④	24目	6目増	
③	18目	6目増	
②	12目	6目増	
①	わの作り目に細編み6目編み入れる		

頭1枚

前中心
↓

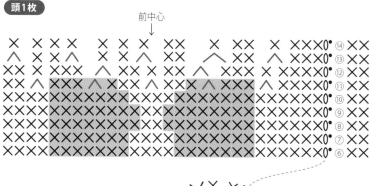

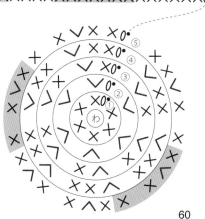

段数	目数	増減数	使用糸
⑭	18目	増減なし	
⑬	18目	5目減	A
⑫	23目	2目減	
⑪	25目	5目減	
⑩			
⑨			
⑧	30目	増減なし	A／B
⑦			
⑥			
⑤	30目	6目増	
④	24目	6目増	
③	18目	6目増	
②	12目	6目増	A
①	わの作り目に細編み6目編み入れる		

前あし2枚

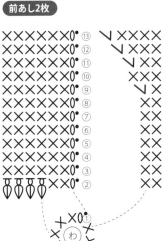

段数	目数	増減数	使用糸
⑬	12目	1目増	
⑫	11目	1目増	
⑪	10目	1目増	
⑩	9目	増減なし	
⑨	9目	1目増	
⑧			
⑦			
⑥			
⑤	8目	増減なし	A
④			
③			
②			
①	わの作り目に細編み8目編み入れる		

耳2枚

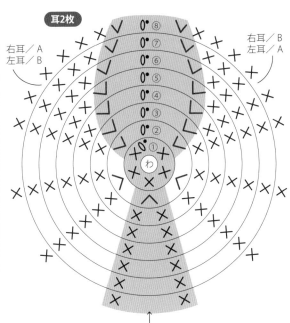

右耳／A
左耳／B

右耳／B
左耳／A

内側中心

段数	目数	増減数	使用糸
⑧	22目	2目増	
⑦	20目	2目増	
⑥	18目	2目増	
⑤	16目	2目増	A／B
④	14目	2目増	
③	12目	2目増	
②	10目	5目増	
①	わの作り目に細編み5目編み入れる		B

後ろあし2枚

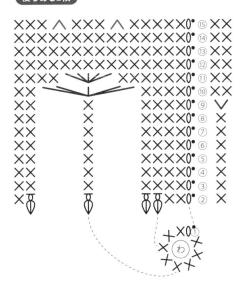

段数	目数	増減数	使用糸
⑮	15目	2目減	
⑭			
⑬	17目	増減なし	
⑫			
⑪	17目	4目増	
⑩	13目	4目増	
⑨	9目	1目増	
⑧			
⑦			
⑥			
⑤	8目	増減なし	A
④			
③			
②			
①	わの作り目に細編み8目編み入れる		

マズル1枚

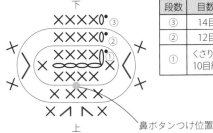

下

鼻ボタンつけ位置

上

段数	目数	増減数	使用糸
③	14目	2目増	
②	12目	2目増	A
①	くさりの作り目に細編み10目編み入れる		

しっぽ1枚

段数	目数	増減数	使用糸
⑦			
⑥			
⑤	6目	増減なし	
④			
③			
②	6目	1目増	A
①	わの作り目に細編み5目編み入れる		

ロングコートチワワ／伏せ P.12 出来上がりサイズ　高さ18cm×長さ26cm

用具と材料

部　位		使用糸	糸色	色番号	使用量	引きそろえ	使用かぎ針
土台	A	ハマナカ ボニー	ベージュ	417	80g	1本	8/0号
	B	ハマナカ ボニー	白	401	60g	1本	8/0号
植毛	C	ハマナカ ピッコロ	薄ベージュ	16	40g	2本	
		ハマナカ モヘア	クリーム	15	40g	2本	
	D	ハマナカ ピッコロ	白	1	20g	2本	
		ハマナカ モヘア	白	1	20g	2本	

ボタン	手芸綿
目／18mm	40g
鼻／▼21mm	

●土台はボニー1本で編む。

植　毛

植毛位置	使用糸	毛足の長さ(cm)
頭	C、D	2～6
体		4～8
しっぽ		8
マズル	C	1～1.5
あし	C、D	3
耳		4

正面

側面

後ろ

植毛の長さと顔パーツつけ位置

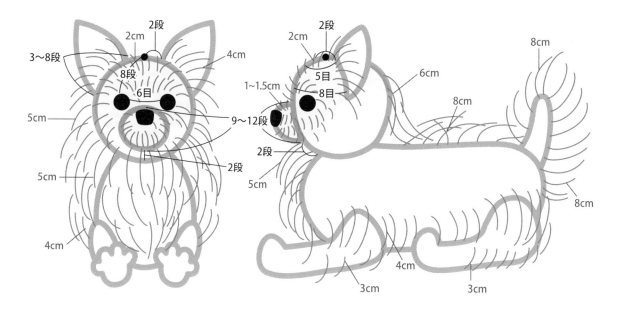

2cm　2段
3～8段
8段
6目
5cm
5cm
4cm
4cm

4cm

2cm　2段
5段
1～1.5cm　8目
9～12目
2段
5cm
2段

8cm
6cm
8cm
8cm
4cm
3cm　3cm

●植毛にはピッコロ、モヘア各2本ずつ計4本引きそろえて使う。
　●耳はスリッカーブラシをかけて裏表とも起毛させる。
　●耳の前の飾り毛はC糸とD糸を混ぜる。耳まわりの植毛は外側の下3段に飾り毛をつける。
　●顔と胸は編み込み模様の色に合わせて植毛する(P.63体と頭の編み図参照)。
　●おでこから後頭部にかけて(　　部分)、頭の形が出るように羊毛フェルトの針で押さえる。
　●あしは体についている部分に植毛し、あし先には植毛しない。
　●しっぽは背中側をC糸、おしり側をD糸で植毛する。

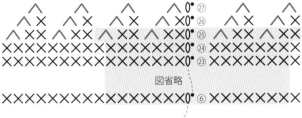

編み図　∧=⋀　Ⅴ=細編み3目編み入れる　Ⅴ=ⓋⓋ　Ⅴ=細編み5目編み入れる　⬍=中長編み3目の変わり玉編み（P.46参照）　▨=A糸　□=B糸

体1枚

前　　最終段6目に糸を通してしぼる（しぼる前に綿を詰める）

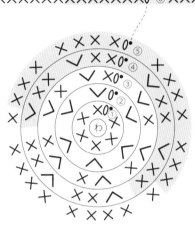

図省略

段数	目数	増減数	使用糸
㉗	6目	6目減	B
㉖	12目	6目減	
㉕	18目	6目減	A／B
㉔〜⑤	24目	増減なし	A／B
④	24目	6目増	B
③	18目	6目増	
②	12目	6目増	
①	わの作り目に細編み6目編み入れる		

頭1枚

前中心
↓

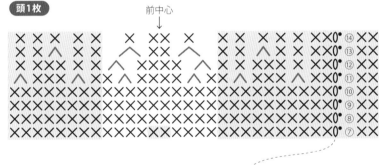

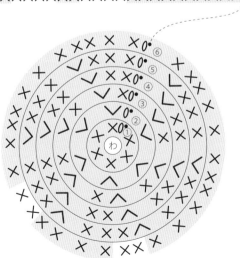

段数	目数	増減数	使用糸
⑭	18目	増減なし	A／B
⑬	18目	4目減	
⑫	22目	2目減	
⑪	24目	6目減	
⑩〜⑥	30目	増減なし	
⑤	30目	6目増	A
④	24目	6目増	
③	18目	6目増	
②	12目	6目増	
①	わの作り目に細編み6目編み入れる		

前あし2枚

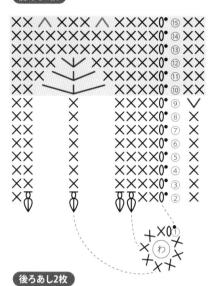

段数	目数	増減数	使用糸
⑮	13目	2目減	A
⑭	15目	増減なし	A
⑬			
⑫	15目	2目増	
⑪	13目	2目増	
⑩	11目	2目増	
⑨	9目	1目増	
⑧	8目	増減なし	B
⑦			
⑥			
⑤			
④			
③			
②			
①	わの作り目に細編み8目編み入れる		

後ろあし2枚

段数	目数	増減数	使用糸
⑮	15目	2目減	A
⑭	17目	増減なし	
⑬			
⑫			
⑪	17目	4目増	
⑩	13目	4目増	
⑨	9目	1目増	
⑧	8目	増減なし	B
⑦			
⑥			
⑤			
④			
③			
②			
①	わの作り目に細編み8目編み入れる		

マズル1枚

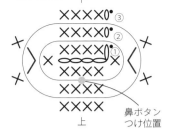

下
上
鼻ボタンつけ位置

段数	目数	増減数	使用糸
③	12目	増減なし	B
②	12目	2目増	
①	くさりの作り目に細編み10目編み入れる		

しっぽ1枚

段数	目数	増減数	使用糸
⑦	6目	増減なし	A
⑥			
⑤			
④			
③			
②	6目	1目増	
①	わの作り目に細編み5目編み入れる		

耳2枚

右耳／B
左耳／A
右耳／A
左耳／B

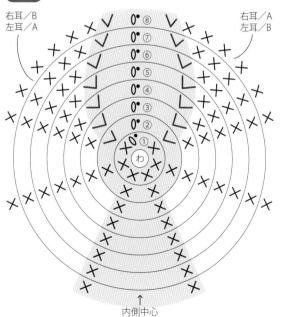

↑内側中心

段数	目数	増減数	使用糸
⑧	20目	2目増	A／B
⑦	18目	2目増	
⑥	16目	2目増	
⑤	14目	2目増	
④	12目	2目増	
③	10目	2目増	
②	8目	2目増	
①	わの作り目に細編み6目編み入れる	A

ロングコートチワワ／おすわり　P.13　出来上がりサイズ　高さ24cm×長さ18cm

用具と材料

部　位		使用糸	糸色	色番号	使用量	引きそろえ	使用かぎ針
土台	A	ハマナカ ボニー	黒	402	80g	1本	8/0号
	B	ハマナカ ボニー	白	401	60g	1本	8/0号
植毛	C	ハマナカ ピッコロ	黒	20	40g	2本	
		ハマナカ モヘア	黒	25	40g	2本	
	D	ハマナカ ピッコロ	白	1	20g	2本	
		ハマナカ モヘア	白	1	20g	2本	

ボタン	手芸綿
目/18mm	40g
鼻/▼21mm	

●土台はボニー1本で編む。

植毛

植毛位置	使用糸	毛足の長さ(cm)
頭	C、D	2〜6
体	C、D	4〜8
しっぽ	C、D	8
マズル	D	1〜1.5
あし	C、D	3〜4
耳	C、D	4

正面　　　　　　側面　　　　　　後ろ

植毛の長さと顔パーツつけ位置

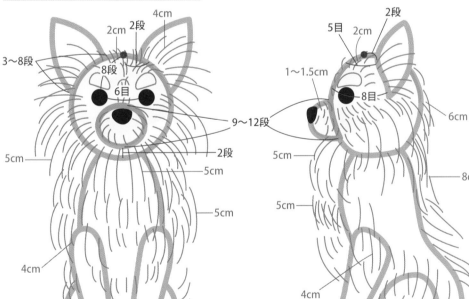

眉毛つけ位置

P.52参照

●植毛はピッコロ、モヘア各2本ずつ計4本引きそろえて使う。
●耳はスリッカーブラシをかけて表裏とも起毛させる。　●耳の前の飾り毛はC糸とD糸を混ぜる。耳まわりの植毛は外側の下3段に飾り毛をつける。
●顔と胸は編み込み模様の色に合わせて植毛する(P.66体と頭の編み図参照)。
●おでこから後頭部にかけて(　　部分)、頭の形が出るように羊毛フェルトの針で押さえる。
●あしは体についている部分に植毛し、あし先は植毛しない。　●眉毛は刺繍して、羊毛フェルトの針で押さえる。
●しっぽは背中側をC糸、おしり側をD糸で植毛する。

編み図 ∧=⋀ ∨=⋎ ⋓=細編み5目編み入れる ⦿=中長編み3目の変わり玉編み（P.46参照） ▦=A糸 □=B糸

体1枚

前中心

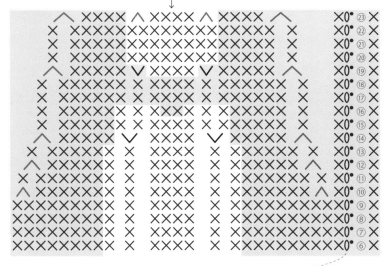

段数	目数	増減数	使用糸
㉓	18目	4目減	A／B
㉒			
㉑	22目	増減なし	
⑳			
⑲	22目	図参照	
⑱			A
⑰	22目	増減なし	
⑯			
⑮			
⑭	22目	図参照	A／B
⑬	22目	増減なし	
⑫	22目	2目減	
⑪	24目	増減なし	
⑩	24目	2目減	
⑨			
⑧	26目	増減なし	
⑦			
⑥			
⑤	26目	2目増	
④	24目	6目増	
③	18目	6目増	B
②	12目	6目増	
①	わの作り目に細編み6目編み入れる		

頭1枚

前中心

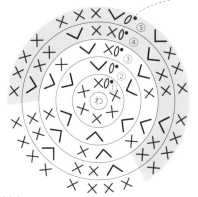

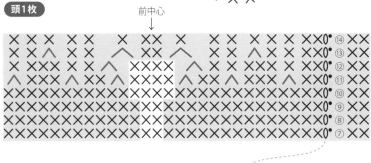

段数	目数	増減数	使用糸
⑭	18目	増減なし	A
⑬	18目	4目減	
⑫	22目	2目減	A／B
⑪	24目	6目減	
⑩			
⑨			
⑧	30目	増減なし	
⑦			
⑥			
⑤	30目	6目増	A
④	24目	6目増	
③	18目	6目増	
②	12目	6目増	
①	わの作り目に細編み6目編み入れる		

前あし2枚

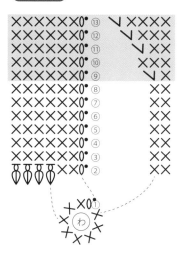

段数	目数	増減数	使用糸
⑬	12目	1目増	
⑫	11目	1目増	
⑪	10目	1目増	A
⑩	9目	増減なし	
⑨	9目	1目増	
⑧			
⑦			
⑥			
⑤	8目	増減なし	B
④			
③			
②			
①	わの作り目に細編み 8目編み入れる		

耳2枚

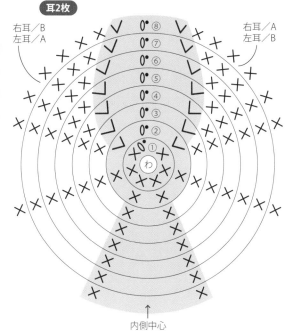

右耳／B
左耳／A

右耳／A
左耳／B

内側中心

段数	目数	増減数	使用糸
⑧	20目	2目増	
⑦	18目	2目増	
⑥	16目	2目増	A／B
⑤	14目	2目増	
④	12目	2目増	
③	10目	2目増	
②	8目	2目増	
①	わの作り目に細編み 6目編み入れる		A

後ろあし2枚

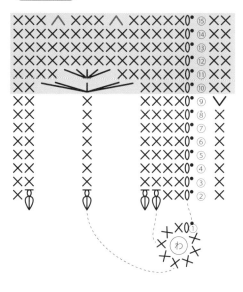

段数	目数	増減数	使用糸
⑮	15目	2目減	
⑭			
⑬	17目	増減なし	A
⑫			
⑪	17目	4目増	
⑩	13目	4目増	
⑨	9目	1目増	
⑧			
⑦			
⑥			
⑤	8目	増減なし	B
④			
③			
②			
①	わの作り目に細編み 8目編み入れる		

マズル1枚

下

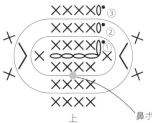

上

鼻ボタンつけ位置

段数	目数	増減数	使用糸
③	12目	増減なし	
②	12目	2目増	B
①	くさりの作り目に細編み 10目編み入れる		

しっぽ1枚

段数	目数	増減数	使用糸
⑦			
⑥			
⑤	6目	増減なし	A
④			
③			
②	6目	1目増	
①	わの作り目に細編み 5目編み入れる		

ポメラニアン／おすわり <u>P.16</u> 出来上がりサイズ 高さ30cm×長さ24cm

用具と材料

部　位		使用糸	糸色	色番号	使用量	引きそろえ	使用かぎ針
土台	A	ハマナカ ボニー	濃ベージュ	418	180g	2本	10/0号
	B	ハマナカ ボニー	濃ベージュ	418	50g	1本	9/0号
		ハマナカ ピッコロ	金茶	21	20g	1本	
		ハマナカ モヘア	茶	92	20g	1本	
土台／植毛	C	ハマナカ ピッコロ	金茶	21	100g	2本	7/0号
		ハマナカ モヘア	茶	92	90g	2本	(土台で使用)

ボタン	手芸綿
目/15mm	50g
鼻/▼21mm	

●頭、体、しっぽはA糸(2本引きそろえ)で、マズルとあしはB糸(3本引きそろえ)で、耳はC糸(4本引きそろえ)で編む。

植 毛

植毛位置	使用糸	毛足の長さ(cm)
頭	C	3〜4
体		6〜9
しっぽ		8〜10
マズル		1
あし		2〜4
耳		植毛なし

正面　　　　　　**側面**　　　　　　**後ろ**

植毛の長さと顔パーツつけ位置

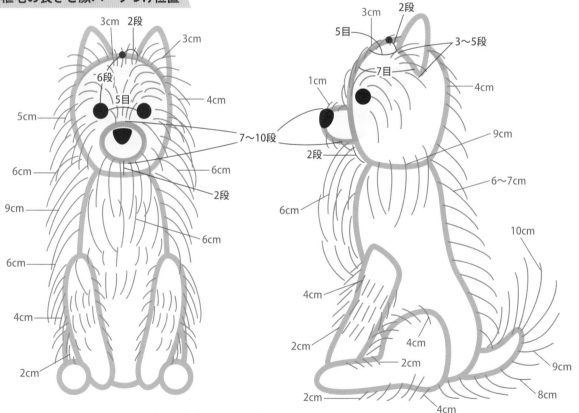

🐾 ●植毛にはピッコロ、モヘア各2本ずつ計4本引きそろえて使う。
　　●耳はスリッカーブラシをかけて表裏を起毛させる。　●羊毛フェルトの針を使って毛流れを作る(P.51参照)。
　　●おでこから後頭部にかけて(　　部分)、頭の形が出るように羊毛フェルトの針で押さえる。
　　●あし先に向かってだんだん細くなるように、植毛した毛を羊毛フェルトの針で押さえる。

編み図

∧ = △　∨ = ∨（W）＝細編み3目編み入れる

∨ = ∨（W）＝細編み5目編み入れる

体1枚

前中心
↓

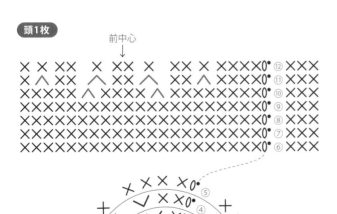

段数	目数	増減数	使用糸
㉓	18目	4目減	
㉒			
㉑	22目	増減なし	
⑳			
⑲	22目	図参照	
⑱			
⑰	22目	増減なし	
⑯			
⑮			
⑭	22目	図参照	
⑬	22目	増減なし	
⑫	22目	2目減	A
⑪	24目	増減なし	
⑩	24目	2目減	
⑨			
⑧	26目	増減なし	
⑦			
⑥			
⑤	26目	2目増	
④	24目	6目増	
③	18目	6目増	
②	12目	6目増	
①	わの作り目に細編み6目編み入れる		

頭1枚

前中心
↓

段数	目数	増減数	使用糸
⑫	18目	増減なし	
⑪	18目	4目減	
⑩	22目	2目減	
⑨			
⑧			
⑦	24目	増減なし	A
⑥			
⑤			
④	24目	6目増	
③	18目	6目増	
②	12目	6目増	
①	わの作り目に細編み6目編み入れる		

前あし2枚

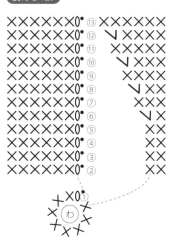

段数	目数	増減数	使用糸
⑬	12目	増減なし	
⑫	12目	1目増	
⑪	11目	増減なし	
⑩	11目	1目増	
⑨	10目	増減なし	
⑧	10目	1目増	
⑦	9目	増減なし	
⑥	9目	1目増	B
⑤			
④	8目	増減なし	
③			
②			
①	わの作り目に細編み 8目編み入れる		

耳2枚

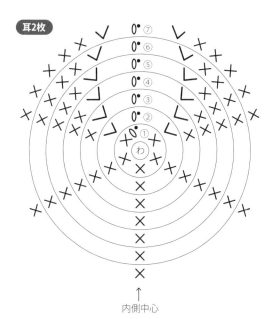

↑
内側中心

段数	目数	増減数	使用糸
⑦	17目	2目増	
⑥	15目	2目増	
⑤	13目	2目増	
④	11目	2目増	C
③	9目	2目増	
②	7目	2目増	
①	わの作り目に細編み 5目編み入れる		

後ろあし2枚

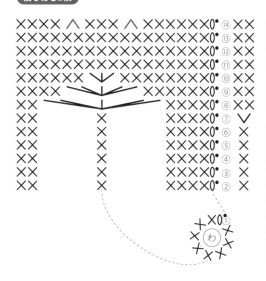

段数	目数	増減数	使用糸
⑭	17目	2目減	
⑬			
⑫	19目	増減なし	
⑪			
⑩	19目	2目増	
⑨	17目	4目増	
⑧	13目	4目増	
⑦	9目	1目増	B
⑥			
⑤			
④	8目	増減なし	
③			
②			
①	わの作り目に細編み 8目編み入れる		

マズル1枚

下

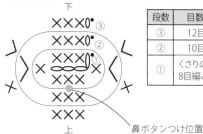

上

鼻ボタンつけ位置

段数	目数	増減数	使用糸
③	12目	2目増	
②	10目	2目増	B
①	くさりの作り目に細編み 8目編み入れる		

しっぽ1枚

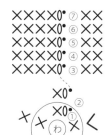

段数	目数	増減数	使用糸
⑦			
⑥			
⑤	6目	増減なし	
④			A
③			
②	6目	1目増	
①	わの作り目に細編み 5目編み入れる		

用具と材料

部　位		使用糸	糸色	色番号	使用量	引きそろえ	使用かぎ針
土台	A	ハマナカ ボニー	黒	402	200g	2本	10/0号
	B	ハマナカ ボニー	濃ベージュ	418	50g	1本	9/0号
		ハマナカ ピッコロ	金茶	21	20g	1本	
		ハマナカ モヘア	茶	92	20g	1本	
土台／植毛	C	ハマナカ ピッコロ	黒	20	70g	2本	7/0号（土台で使用）
		ハマナカ モヘア	黒	25	70g	2本	
植毛	D	ハマナカ ピッコロ	金茶	21	20g	2本	
		ハマナカ モヘア	茶	92	20g	2本	

ボタン	手芸綿
目/15mm	50g
鼻/▼21mm	

●頭、体、しっぽはA糸（2本引きそろえ）で、マズルとあしはB糸（3本引きそろえ）で、耳はC糸（4本引きそろえ）で編む。

植毛

植毛位置	使用糸	毛足の長さ（cm）
頭		3〜6
体	C、D	6〜9
しっぽ		8〜10
マズル	D	1
あし	C、D	2〜4
耳		植毛なし

正面

側面

後ろ

植毛の長さと顔パーツつけ位置

眉毛つけ位置

P.52参照

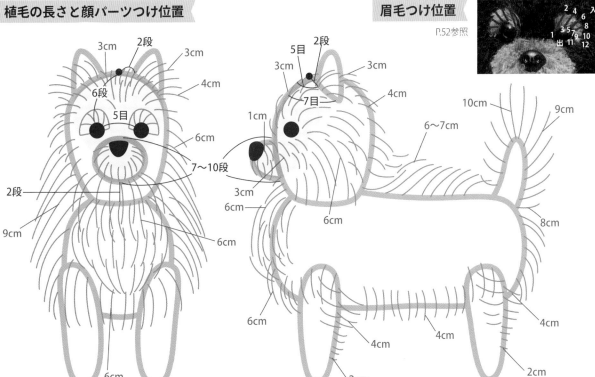

3cm　2段　3cm　4cm　6段　5目　6cm　2段　7〜10段　9cm　6cm　6cm

5目　2段　3cm　7目　3cm　4cm　1cm　3cm　6cm　6cm　10cm　6〜7cm　9cm　8cm　6cm　4cm　4cm　4cm　2cm　2cm

 ●植毛にはピッコロ、モヘア各2本ずつ計4本引きそろえて使う。
●胸の飾り毛とあしの付け根の後ろ側はD糸で植毛する。　●眉毛は刺繍して羊毛フェルトの針で押さえる。
●おでこから後頭部にかけて（　　部分）、頭の形が出るように羊毛フェルトの針で押さえる。　●しっぽは背中側はC糸、おしり側をD糸で植毛する。

体1枚

前　　最終段6目に糸を通してしぼる（しぼる前に綿を詰める）

図省略

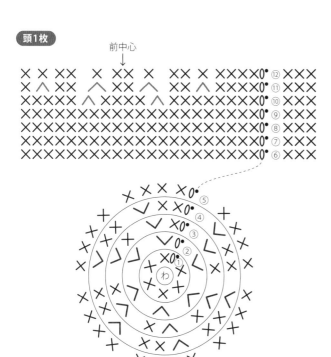

段数	目数	増減数	使用糸
㉗	6目	6目減	
㉖	12目	6目減	
㉕	18目	6目減	
㉔ 〜 ⑤	24目	増減なし	A
④	24目	6目増	
③	18目	6目増	
②	12目	6目増	
①	わの作り目に細編み 6目編み入れる		

頭1枚

前中心

段数	目数	増減数	使用糸
⑫	18目	増減なし	
⑪	18目	4目減	
⑩	22目	2目減	
⑨ ⑧ ⑦ ⑥ ⑤	24目	増減なし	A
④	24目	6目増	
③	18目	6目増	
②	12目	6目増	
①	わの作り目に細編み 6目編み入れる		

前あし2枚

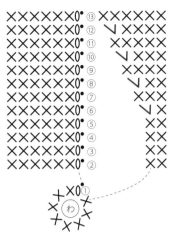

段数	目数	増減数	使用糸
⑬	12目	増減なし	
⑫	12目	1目増	
⑪	11目	増減なし	
⑩	11目	1目増	
⑨	10目	増減なし	
⑧	10目	1目増	
⑦	9目	増減なし	
⑥	9目	1目増	B
⑤			
④			
③	8目	増減なし	
②			
①	わの作り目に細編み 8目編み入れる		

耳2枚

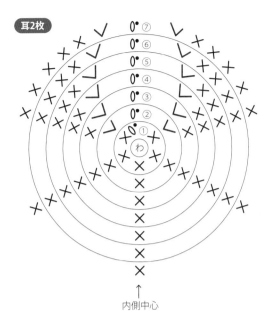

↑
内側中心

段数	目数	増減数	使用糸
⑦	17目	2目増	
⑥	15目	2目増	
⑤	13目	2目増	
④	11目	2目増	C
③	9目	2目増	
②	7目	2目増	
①	わの作り目に細編み 5目編み入れる		

後ろあし2枚

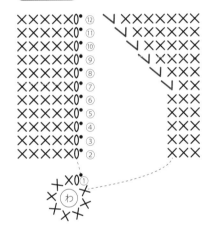

段数	目数	増減数	使用糸
⑫	14目	1目増	
⑪	13目	1目増	
⑩	12目	1目増	
⑨	11目	1目増	
⑧	10目	1目増	
⑦	9目	1目増	
⑥			B
⑤			
④	8目	増減なし	
③			
②			
①	わの作り目に細編み 8目編み入れる		

マズル1枚

下

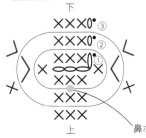

鼻ボタンつけ位置

上

段数	目数	増減数	使用糸
③	12目	2目増	
②	10目	2目増	B
①	くさりの作り目に細編み 8目編み入れる		

しっぽ1枚

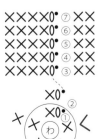

段数	目数	増減数	使用糸
⑦			
⑥			
⑤	6目	増減なし	
④			A
③			
②	6目	1目増	
①	わの作り目に細編み 5目編み入れる		

ダックスフント／伏せ P.21　出来上がりサイズ　高さ21cm×長さ33cm

用具と材料

部　位	使用糸	糸色	色番号	使用量	引きそろえ	使用かぎ針
土台	ハマナカ ボニー	ベージュ	417	250g	2本	10/0号
植毛　A	ハマナカ ピッコロ	薄ベージュ	16	100g	2本	
	ハマナカ モヘア	クリーム	15	90g	2本	

ボタン	手芸綿
目/15mm	60g
鼻/■20mm	

●土台はボニー2本を引きそろえて編む。

植　毛

植毛位置	使用糸	毛足の長さ（cm）
頭	A	3〜7
体		3〜7
しっぽ		9
マズル		2
あし		4
耳		14

正面　　　　　側面　　　　　後ろ

植毛の長さと顔パーツつけ位置

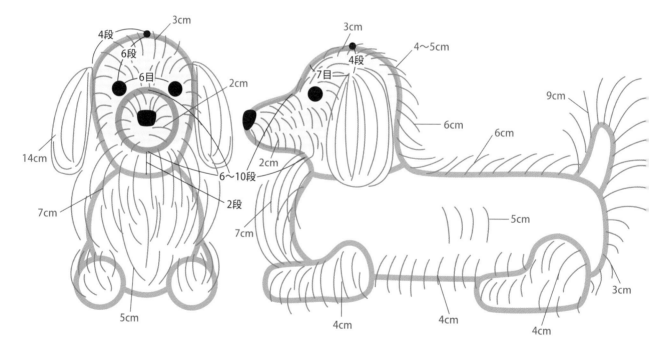

●植毛にはピッコロ、モヘア各2本ずつ計4本引きそろえて使う。
●耳は[巻いて作る耳の作り方]P.52参照。ダックスフントの場合は長さ14cmの厚紙に巻く。
●おでこから後頭部にかけて（　　部分）頭の形がでるように羊毛フェルトの針で押さえる。

編み図

∧ = ⚶
∨ = ⚶   ∨=細編み3目編み入れる

体1枚

前　　最終段6目に糸を通してしぼる（しぼる前に綿を詰める）

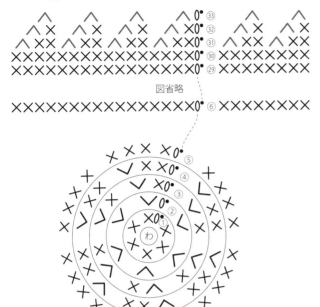

図省略

段数	目数	増減数
㉝	6目	6目減
㉜	12目	6目減
㉛	18目	6目減
㉚ ～ ⑤	24目	増減なし
④	24目	6目増
③	18目	6目増
②	12目	6目増
①	わの作り目に細編み6目編み入れる	

頭1枚

前中心
↓

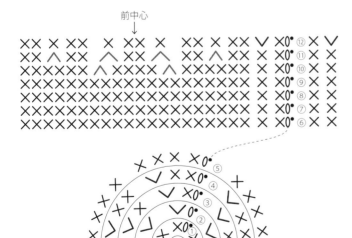

段数	目数	増減数
⑫	20目	2目増
⑪	18目	4目減
⑩	22目	2目減
⑨ ⑧ ⑦ ⑥ ⑤	24目	増減なし
④	24目	6目増
③	18目	6目増
②	12目	6目増
①	わの作り目に細編み6目編み入れる	

前あし2枚

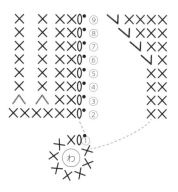

段数	目数	増減数
⑨	10目	1目増
⑧	9目	1目増
⑦	8目	1目増
⑥	7目	1目増
⑤	6目	増減なし
④		
③	6目	2目減
②	8目	増減なし
①	わの作り目に細編み 8目編み入れる	

後ろあし2枚

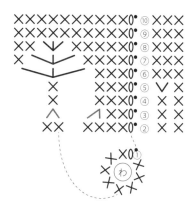

段数	目数	増減数
⑩	13目	増減なし
⑨		
⑧	13目	2目増
⑦	11目	2目増
⑥	9目	2目増
⑤	7目	1目増
④	6目	増減なし
③	6目	2目減
②	8目	増減なし
①	わの作り目に細編み 8目編み入れる	

マズル1枚

下

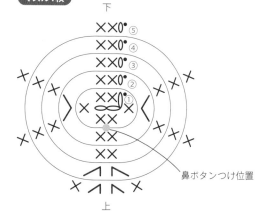

鼻ボタンつけ位置

上

段数	目数	増減数
⑤	12目	2目増
④	10目	2目増
③	8目	増減なし
②	8目	2目増
①	くさりの作り目に細編み 6目編み入れる	

しっぽ1枚

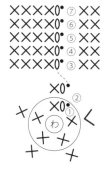

段数	目数	増減数
⑦		
⑥		
⑤	6目	増減なし
④		
③		
②	6目	1目増
①	わの作り目に細編み 5目編み入れる	

ダックスフント／立ち P.24 出来上がりサイズ　高さ24cm×長さ33cm

用具と材料

部　位		使用糸	糸色	色番号	使用量	引きそろえ	使用かぎ針
土台	A	ハマナカ ボニー	こげ茶	419	210g	2本	10/0号
	B	ハマナカ ボニー	濃ベージュ	418	50g	2本	10/0号
植毛	C	ハマナカ ピッコロ	こげ茶	17	90g	2本	
		ハマナカ モヘア	こげ茶	52	80g	2本	
	D	ハマナカ ピッコロ	金茶	21	10g	2本	
		ハマナカ モヘア	茶	92	10g	2本	

ボタン		手芸綿
目/15mm		60g
鼻/■20mm		

●土台はボニー2本を引きそろえて編む。

植毛

植毛位置	使用糸	毛足の長さ（cm）
頭	C、D	2〜7
体	C、D	3〜6
しっぽ	C	9
マズル	C、D	2
あし	C	付け根のみ3〜4
耳	C	5〜7

正面　　　　　側面　　　　　後ろ

植毛の長さと顔パーツつけ位置

3cm　6目
4段
6段
2cm
7cm
6cm
5cm
7cm
6〜10段
2段
5cm

6目
2cm　3cm　4段
2cm
2cm
4〜5cm
7cm
2cm
5cm
4cm

眉毛つけ位置

P.52参照

9cm
6cm
3cm
3〜4cm

　●植毛にはピッコロ、モヘア各2本ずつ計4本引きそろえて使う。
●眉毛は刺繍して、羊毛フェルトの針で押さえる。
●頭の形が出るように、顔の植毛（　　　部分）は羊毛フェルトの針で押さえる。
●胸の飾り毛は、D糸で植毛。※お好みでOK

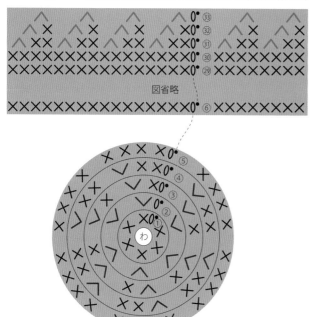

編み図

∧−♠ ♥=細編み3目編み入れる
∨=♥ ♠=細編み3目一度

▦=A糸　▦=B糸

体1枚

前　最終段6目に糸を通してしぼる（しぼる前に綿を詰める）

図省略

段数	目数	増減数	使用糸
㉝	6目	6目減	
㉜	12目	6目減	
㉛	18目	6目減	
㉚ 〜 ⑤	24目	増減なし	A
④	24目	6目増	
③	18目	6目増	
②	12目	6目増	
①	わの作り目に細編み 6目編み入れる		

頭1枚

前中心

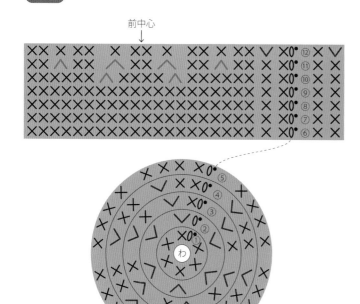

段数	目数	増減数	使用糸
⑫	20目	2目増	
⑪	18目	4目減	
⑩	22目	2目減	
⑨ ⑧ ⑦ ⑥ ⑤	24目	増減なし	A
④	24目	6目増	
③	18目	6目増	
②	12目	6目増	
①	わの作り目に細編み 6目編み入れる		

前あし2枚

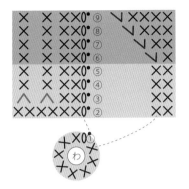

段数	目数	増減数	使用糸
⑨	10目	1目増	A
⑧	9目	1目増	
⑦	8目	1目増	
⑥	7目	1目増	
⑤	6目	増減なし	B
④			
③	6目	2目減	
②	8目	増減なし	
①	わの作り目に細編み 8目編み入れる		

後ろあし2枚

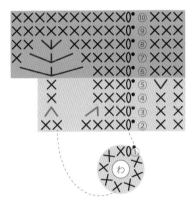

段数	目数	増減数	使用糸
⑩	13目	増減なし	A
⑨			
⑧	13目	2目増	
⑦	11目	2目増	
⑥	9目	2目増	
⑤	7目	1月増	B
④	6目	増減なし	
③	6目	2目減	
②	8目	増減なし	
①	わの作り目に細編み 8目編み入れる		

耳2枚

下

上

編みはじめの糸を
30cm残す

段数	目数	増減数	使用糸
⑧	1目	2目減	A
⑦	3目	2目減	
⑥			
⑤	5目	増減なし	
④			
③			
②	5目	2目増	
①	くさりの作り目に細編み 3目編み入れる		

マズル1枚

下

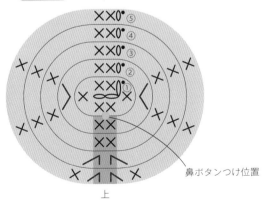

上

鼻ボタンつけ位置

段数	目数	増減数	使用糸
⑤	12目	2目増	A／B
④	10目	2目増	
③	8目	増減なし	
②	8目	2目増	
①	くさりの作り目に細編み 6目編み入れる		B

しっぽ1枚

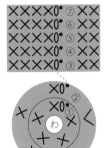

段数	目数	増減数	使用糸
⑦			A
⑥			
⑤	6目	増減なし	
④			
③			
②	6目	1目増	
①	わの作り目に細編み 5目編み入れる		

用具と材料

部　位		使用糸	糸色	色番号	使用量	引きそろえ	使用かぎ針
土台		ハマナカ ボニー	白	401	220g	2本	10/0号
植毛	A	ハマナカ ピッコロ	白	1	100g	2本	
		ハマナカ モヘア	白	1	90g	2本	

ボタン	手芸綿
目/18mm	50g
鼻/▼21mm	

●土台はボニー2本を引きそろえて編む。

植　毛

植毛位置	使用糸	毛足の長さ（cm）
頭		3〜4
体		4
しっぽ	A	5
マズル		3〜5
あし		3.5
耳		6

正面　　　　　側面　　　　　後ろ

植毛の長さと顔パーツつけ位置

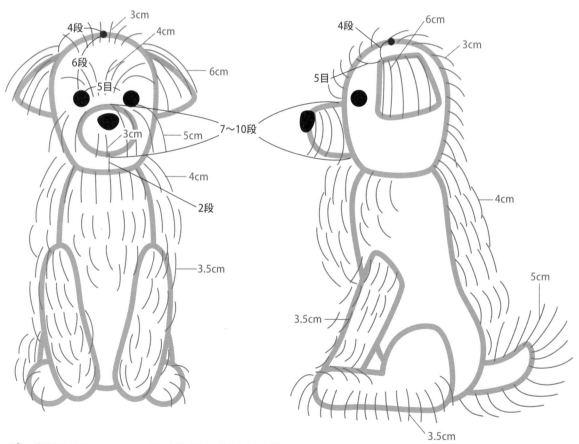

🐾　●植毛にはピッコロ、モヘア各2本ずつ計4本引きそろえて使う。

●糸をほぐすことよりも毛流れを大事に。　●　　　部分を羊毛フェルトの針で押さえる。

●耳の長さや髪型はお好みで。　●リボンをつけたい場合は P.89 参照。

編み図

∧ = ⚶ ∨ = 細編み3目編み入れる
∨ = ⚶ ∨ = 細編み5目編み入れる

体1枚

前中心
↓

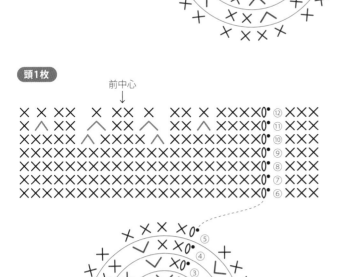

段数	目数	増減数
㉓	18目	4目減
㉒	22目	増減なし
㉑		
⑳		
⑲	22目	図参照
⑱	22目	増減なし
⑰		
⑯		
⑮		
⑭	22目	図参照
⑬	22目	増減なし
⑫	22目	2目減
⑪	24目	増減なし
⑩	24目	2目減
⑨	26目	増減なし
⑧		
⑦		
⑥		
⑤	26目	2目増
④	24目	6目増
③	18目	6目増
②	12目	6目増
①	わの作り目に細編み6目編み入れる	

頭1枚

前中心
↓

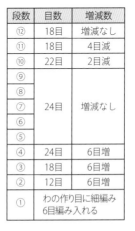

段数	目数	増減数
⑫	18目	増減なし
⑪	18目	4目減
⑩	22目	2目減
⑨	24目	増減なし
⑧		
⑦		
⑥		
⑤		
④	24目	6目増
③	18目	6目増
②	12目	6目増
①	わの作り目に細編み6目編み入れる	

前あし2枚

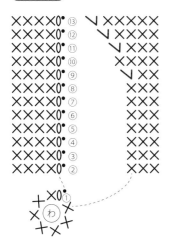

段数	目数	増減数
⑬	11目	1目増
⑫	10目	1目増
⑪	9目	1目増
⑩	8目	増減なし
⑨	8目	1目増
⑧		
⑦		
⑥		
⑤	7目	増減なし
④		
③		
②		
①	わの作り目に細編み7目編み入れる	

後ろあし2枚

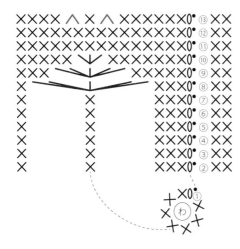

段数	目数	増減数
⑬	15目	2目減
⑫	17目	増減なし
⑪		
⑩	17目	2目増
⑨	15目	4目増
⑧	11目	4目増
⑦		
⑥		
⑤	7目	増減なし
④		
③		
②		
①	わの作り目に細編み7目編み入れる	

耳2枚

下

上

編みはじめの糸を
30cm残す

段数	目数	増減数
④	5目	増減なし
③		
②	5目	2目増
①	くさりの作り目に細編み3目編み入れる	

マズル1枚

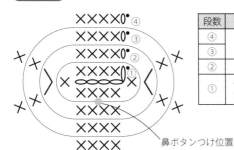

鼻ボタンつけ位置

段数	目数	増減数
④	12目	増減なし
③		
②	12目	2目増
①	くさりの作り目に細編み10目編み入れる	

しっぽ1枚

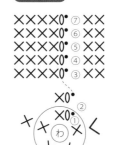

段数	目数	増減数
⑦		
⑥		
⑤	6目	増減なし
④		
③		
②	6目	1目増
①	わの作り目に細編み5目編み入れる	

シュナウザー P.30 出来上がりサイズ 高さ30cm×長さ20cm

用具と材料

部　位		使用糸	糸色	色番号	使用量	引きそろえ	使用かぎ針
土台	A	アクリル極太	グレー	115	200g	2本	10/0号
	B	アクリル極太	白	118	100g	2本	10/0号
植毛	C	アクリル極太	グレー	115	80g	2本	
	D	アクリル極太	白	118	30g	2本	

※(株)元廣、Pandra House限定カラー

ボタン	手芸綿
目/15mm	50g
鼻/■23mm	

●土台はアクリル極太2本を引きそろえて編む。
●耳はアクリル極太1本で編む。

植　毛

植毛位置	使用糸	毛足の長さ(cm)
頭	C、D	2
体	C、D	3〜4
しっぽ		植毛なし
マズル	D	2〜3
あし	C、D	3.5
耳		植毛なし

正面

側面

後ろ

植毛の長さと顔パーツつけ位置

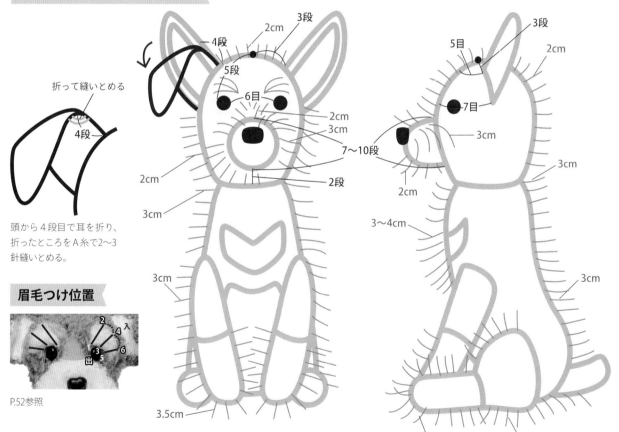

折って縫いとめる

4段

頭から4段目で耳を折り、折ったところをA糸で2〜3針縫いとめる。

眉毛つけ位置

P.52参照

●植毛にはアクリル極太各2本ずつ計4本、もしくは2本を引きそろえて使う。
●耳は表側が白になるようにつける。　●耳の表裏としっぽはスリッカーブラシをかけて、起毛させる。
●マズルの上眉間にD糸を植毛するとシュナウザーらしい表情になる(眉毛つけ位置 部分)。
●眉毛は植毛して、羊毛フェルトの針で毛流れに沿って押さえる(バランスは写真参照)。　● 部分を羊毛フェルトの針で押さえる。

体1枚

前中心
↓

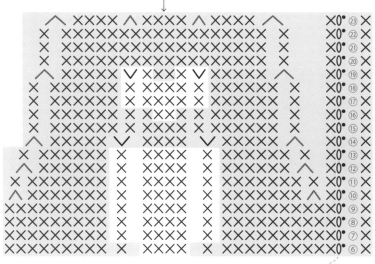

段数	目数	増減数	使用糸
㉓	18目	4目減	A
㉒	22目	増減なし	A
㉑			
⑳			
⑲	22目	図参照	A／B
⑱	22目	増減なし	
⑰			
⑯			
⑮			A
⑭	22目	図参照	
⑬	22目	増減なし	
⑫	22目	2目減	
⑪	24目	増減なし	
⑩	24目	2目減	
⑨	26目	増減なし	A／B
⑧			
⑦			
⑥			
⑤	26目	2目増	
④	24目	6目増	A
③	18目	6目増	
②	12目	6目増	
①	わの作り目に細編み6目編み入れる		

頭1枚

前中心
↓

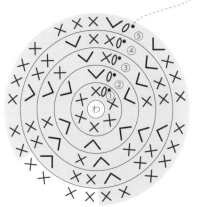

段数	目数	増減数	使用糸
⑫	18目	増減なし	A
⑪	18目	4目減	
⑩	22目	2目減	
⑨	24目	増減なし	
⑧			
⑦			
⑥			
⑤			
④	24目	6目増	
③	18目	6目増	
②	12目	6目増	
①	わの作り目に細編み6目編み入れる		

前あし2枚

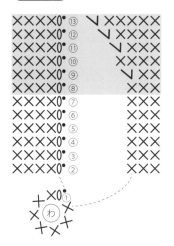

段数	目数	増減数	使用糸
⑬	11目	1目増	
⑫	10目	1目増	
⑪	9目	1目増	A
⑩	8目	増減なし	
⑨	8目	1目増	
⑧			
⑦			
⑥			
⑤	7目	増減なし	B
④			
③			
②			
①	わの作り目に細編み 7目編み入れる		

マズル1枚

下

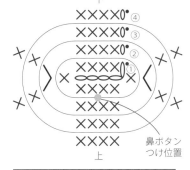

鼻ボタン
つけ位置

上

段数	目数	増減数	使用糸
④	12目	増減なし	
③			
②	12目	2目増	B
①	くさりの作り目に細編み 10目編み入れる		

後ろあし2枚

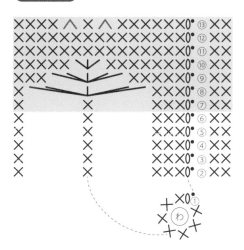

段数	目数	増減数	使用糸
⑬	15目	2目減	
⑫	17目	増減なし	
⑪			
⑩	17目	2目増	A
⑨	15目	4目増	
⑧	11目	4目増	
⑦			
⑥			
⑤	7目	増減なし	B
④			
③			
②			
①	わの作り目に細編み 7目編み入れる		

しっぽ1枚

段数	目数	増減数	使用糸
⑤			
④	6目	増減なし	
③			A
②	6目	1目増	
①	わの作り目に細編み 5目編み入れる		

耳2枚

内側中心

右耳／B　　右耳／A
左耳／A　　左耳／B

※アクリル極太1本で
かぎ針10/0号で編む。

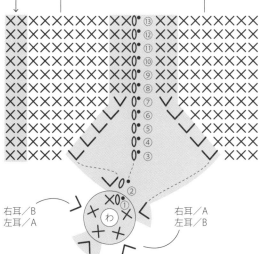

右耳／B　　右耳／A
左耳／A　　左耳／B

段数	目数	増減数	使用糸
⑬			
⑫			
⑪	20目	増減なし	
⑩			
⑨			
⑧			A／B
⑦	20目	2目増	
⑥	18目	2目増	
⑤	16目	2目増	
④	14目	2目増	
③	12目	2目増	
②	10目	5目増	
①	わの作り目に細編み 5目編み入れる		A

用具と材料

部　位		使用糸	糸　色	色番号	使用量	引きそろえ	使用かぎ針
土台		ハマナカ ボニー	生成り	442	220g	2本	10/0号
植毛	A	ハマナカ ピッコロ	生成り	2	100g	2本	
		ハマナカ モヘア	オフホワイト	61	90g	2本	
	B	ハマナカ ピッコロ	濃ベージュ	38	10g	1本	
		ハマナカ モヘア	濃グレー	74	10g	1本	
		ハマナカ モヘア	サンドベージュ	90	10g	1本	
		ハマナカ モヘア	茶	92	10g	1本	

ボタン	手芸綿
目/18mm	50g
鼻/■20mm	

●土台はボニー2本を引きそろ
えて編む。

植毛

植毛位置	使用糸	毛足の長さ（cm）
頭	A、B	3〜4
体	A	4〜5
しっぽ	A	8〜9
マズル	A	2〜4
あし	A	4
耳（巻いて作るタイプ）	B	12

正面　　　　　　　側面　　　　　　　後ろ

植毛の長さと顔パーツつけ位置

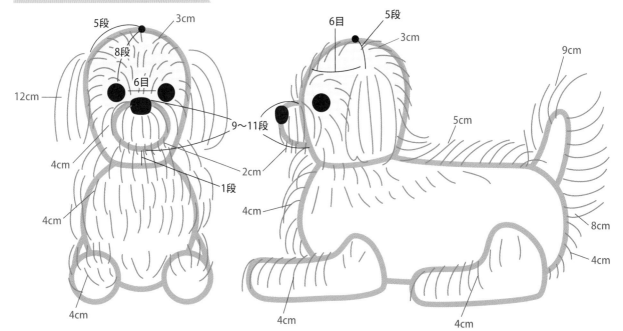

5段　3cm
8段
6目
12cm
4cm
4cm
4cm

6目　5段
3cm
9〜11段
2cm
1段
4cm
9cm
5cm
8cm
4cm
4cm
4cm

●植毛にはピッコロ、モヘア計4本を引きそろえて使う。
●耳は[巻いて作る耳の作り方]P.52参照。
●目のまわりはB糸で植毛する。位置のめやすは写真参照。
●目の高さと鼻の高さを同じくらいにすると、シーズーらしい表情になる。
●おでこから後頭部にかけて（　　　部分）毛流れに沿って羊毛フェルトの
　針で押さえる。

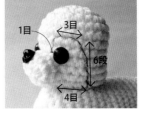

1目　3目
6段
4目

[顔の植毛位置]

目のまわりに植毛する範囲。消
えるチャコペンか待ち針で糸
替えの位置を印すと植毛しや
すい。

編み図 ∧=⋀ ∨=⋁ =細編み3目編み入れる
∨=⋁ =細編み5目編み入れる

体1枚

前　　最終段6目に糸を通してしぼる（しぼる前に綿を詰める）

図省略

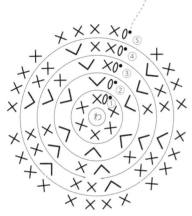

段数	目数	増減数
㉗	6目	6目減
㉖	12目	6目減
㉕	18目	6目減
㉔ 〜 ⑤	24目	増減なし
④	24目	6目増
③	18目	6目増
②	12目	6目増
①	わの作り目に細編み 6目編み入れる	

頭1枚

前中心

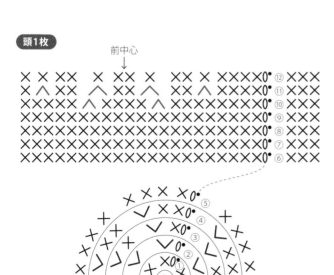

段数	目数	増減数
⑫	18目	増減なし
⑪	18目	4目減
⑩	22目	2目減
⑨ ⑧ ⑦ ⑥ ⑤	24目	増減なし
④	24目	6目増
③	18目	6目増
②	12目	6目増
①	わの作り目に細編み 6目編み入れる	

前あし2枚

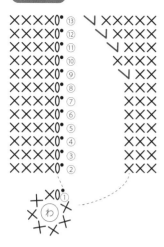

段数	目数	増減数
⑬	11目	1目増
⑫	10目	1目増
⑪	9目	1目増
⑩	8目	増減なし
⑨	8目	1目増
⑧		
⑦		
⑥		
⑤	7目	増減なし
④		
③		
②		
①	わの作り目に細編み 7目編み入れる	

後ろあし2枚

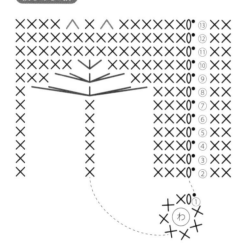

段数	目数	増減数
⑬	15目	2目減
⑫	17目	増減なし
⑪		
⑩	17目	2目増
⑨	15目	4目増
⑧	11目	4目増
⑦		
⑥		
⑤	7目	増減なし
④		
③		
②		
①	わの作り目に細編み 7目編み入れる	

マズル1枚　下

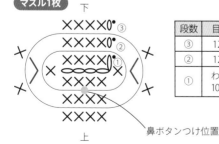

鼻ボタンつけ位置

上

段数	目数	増減数
③	12目	増減なし
②	12目	2目増
①	わの作り目に細編み 10目編み入れる	

しっぽ1枚

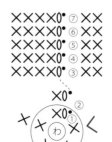

段数	目数	増減数
⑦		
⑥		
⑤	6目	増減なし
④		
③		
②	6目	1目増
①	わの作り目に細編み 5目編み入れる	

ヨークシャーテリア P.36　出来上がりサイズ　高さ24cm×長さ17cm

用具と材料

部　位		使用糸	糸色	色番号	使用量	引きそろえ	使用かぎ針
土台	A	ハマナカ ボニー	薄茶	480	100g	1本	8/0号
	B	ハマナカ ボニー	濃グレー	481	20g	1本	8/0号
植毛	C	ハマナカ ピッコロ	金茶	21	50g	2本	
		ハマナカ モヘア	茶	92	40g	2本	
	D	ハマナカ ピッコロ	濃グレー	50	20g	2本	
		ハマナカ モヘア	濃グレー	74	20g	1本	
		ハマナカ モヘア	茶	92	20g	1本	

ボタン	手芸綿
目/15mm	40g
鼻/▼21mm	

●土台はボニー1本で編む。

植毛

植毛位置	使用糸	毛足の長さ（cm）
頭	C、D	2〜20
体	C、D	5〜6
しっぽ	C、D	8
マズル	C	12
あし	C	3〜5
耳	C	4

正面

側面

後ろ

植毛の長さと顔パーツつけ位置

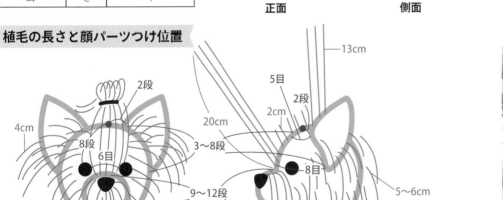

4cm
2段
8段
6目
9〜12段
6cm
12cm
2段
6cm
5cm
3cm

13cm
5目
2段
2cm
20cm
3〜8段
8目
5〜6cm
6cm
12cm
8cm
5cm
3cm
8cm
5cm

[髪型の作り方]

内側に隠れる糸は短く、外側の糸は長く植毛する。

外側の糸を内側の糸にかぶせて毛流れを整える。

根元を共毛糸でしっかりしばる。

もう一回まげてしばり、毛先は後頭部に自然に流す。

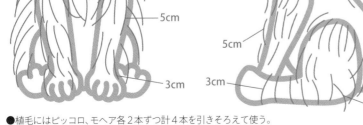

●植毛にはピッコロ、モヘア各2本ずつ計4本を引きそろえて使う。
●後頭部からしっぽにかけてD糸で植毛する。●髪型を整えて、仕上げにリボンをつける（正面写真参照）。
●耳はスリッカーブラシで表裏起毛してから外側の下3段に飾り毛をつける。●あし先3段には植毛しない。
●目元をすっきりさせ、あごのラインがわかるように　部分を羊毛フェルトの針で押さえる。

編み図

 ∧ = ⋀⋀ / ∨ = ⋁⋁  ❤ =細編み5目編み入れる ⬗ =中長編み3目の変わり玉編み（P.46参照） ▨ =A糸 ▨ =B糸

体1枚

前中心
↓

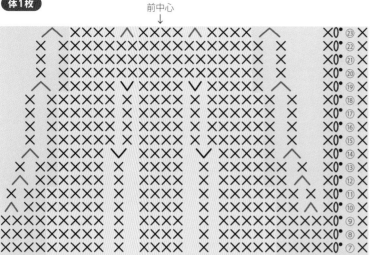

段数	目数	増減数	使用糸
㉓	18目	4目減	
㉒			
㉑	22目	増減なし	A／B
⑳			
⑲	22目	図参照	
⑱			
⑰	22目	増減なし	
⑯			
⑮			
⑭	22目	図参照	
⑬	22目	増減なし	
⑫	22目	2目減	
⑪	24目	増減なし	
⑩	24目	2目減	
⑨			
⑧	26目	増減なし	
⑦			
⑥			
⑤	26目	2目増	
④	24目	6目増	A
③	18目	6目増	
②	12目	6目増	
①	わの作り目に細編み6目編み入れる		

頭1枚

前中心
↓

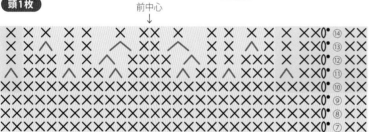

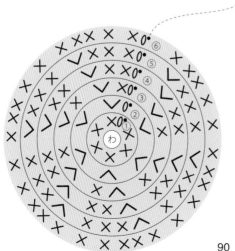

段数	目数	増減数	使用糸
⑭	18目	増減なし	A／B
⑬	18目	4目減	
⑫	22目	2目減	
⑪	24目	6目減	
⑩			
⑨			
⑧	30目	増減なし	A
⑦			
⑥			
⑤	30目	6目増	
④	24目	6目増	
③	18目	6目増	
②	12目	6目増	
①	わの作り目に細編み6目編み入れる		

90

前あし2枚

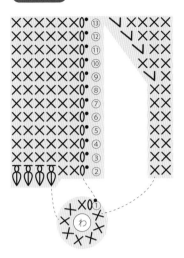

段数	目数	増減数	使用糸
⑬	12目	1目増	
⑫	11目	1目増	
⑪	10目	1目増	
⑩	9目	増減なし	
⑨	9目	1目増	
⑧			A
⑦			
⑥			
⑤	8目	増減なし	
④			
③			
②			
①	わの作り目に細編み 8目編み入れる		

耳2枚

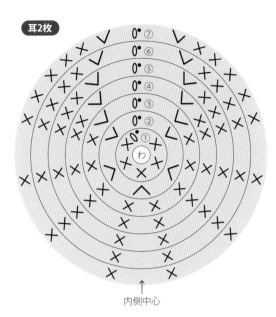

内側中心

段数	目数	増減数	使用糸
⑦	20目	2目増	
⑥	18目	2目増	
⑤	16目	2目増	
④	14目	2目増	A
③	12目	2目増	
②	10目	5目増	
①	わの作り目に細編み 5目編み入れる		

後ろあし2枚

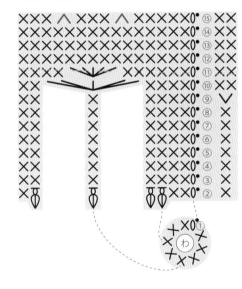

段数	目数	増減数	使用糸
⑮	15目	2目減	
⑭			
⑬	17目	増減なし	
⑫			
⑪	17目	4目増	
⑩	13目	4目増	
⑨	9目	1目増	
⑧			A
⑦			
⑥			
⑤	8目	増減なし	
④			
③			
②			
①	わの作り目に細編み 8目編み入れる		

マズル1枚

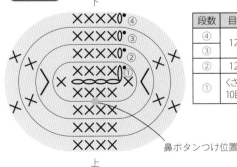

下

上

鼻ボタンつけ位置

段数	目数	増減数	使用糸
④	12目	増減なし	
③			A
②	12目	2目増	
①	くさりの作り目に細編み 10目編み入れる		

しっぽ1枚

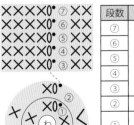

段数	目数	増減数	使用糸
⑦			
⑥			
⑤	6目	増減なし	
④			A
③			
②	6目	1目増	
①	わの作り目に細編み 5目編み入れる		

ビションフリーゼ P.38　出来上がりサイズ　高さ33cm×長さ33cm

用具と材料　●土台はアクリル極太2本を引きそろえて編む。

部　位	使用糸		糸色	色番号	使用量	引きそろえ	使用かぎ針		ボタン	手芸綿
土台	アクリル極太		白	118	270g	2本	10/0号		目/15mm	120g
植毛	A	アクリル極太	白	118	200g	2本			鼻/▼21mm	

※(株)元廣、Pandra House限定カラー

植 毛

植毛位置	使用糸	毛足の長さ(cm)
頭		3〜4
体		2〜4
しっぽ	A	4
マズル		2
あし		3
耳		2〜2.5

正面

側面

後ろ

植毛の長さと顔パーツつけ位置

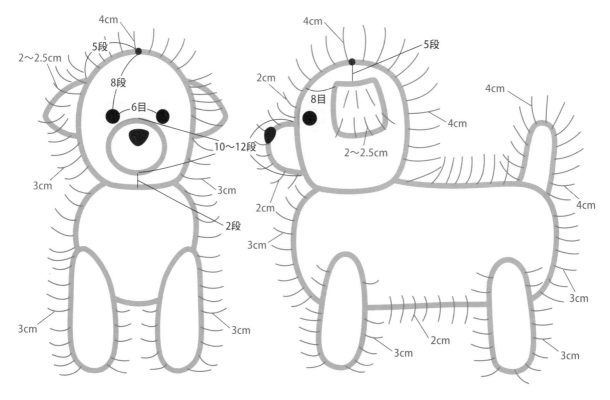

- ●植毛にはアクリル極太2本を引きそろえて使う。
- ●耳にも糸を植え込み、頭全体のシルエットを丸く仕上げる。
- ●目元がすっきりするように　　部分を羊毛フェルトの針で押さえる。
- ●立ちにくくなるため、あし先は植毛しない。
- ●カットとブラッシングを繰り返し好みの形に整える。

編み図

∧ = ⋀
∨ = ⋁

体1枚

前　　　　　　最終段6目に糸を通してしぼる（しぼる前に綿を詰める）

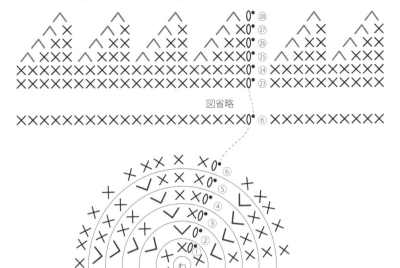

図省略

段数	目数	増減数
㉘	6目	6目減
㉗	12目	6目減
㉖	18目	6目減
㉕	24目	6目減
㉔ 〜 ⑥	30目	増減なし
⑤	30目	6目増
④	24目	6目増
③	18目	6目増
②	12目	6目増
①	わの作り目に細編み6目編み入れる	

頭1枚

前中心
↓

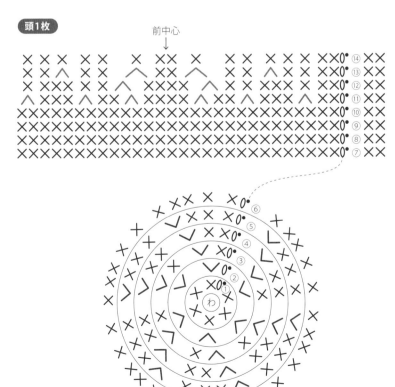

段数	目数	増減数
⑭	18目	増減なし
⑬	18目	4目減
⑫	22目	2目減
⑪	24目	6目減
⑩ ⑨ ⑧ ⑦ ⑥	30目	増減なし
⑤	30目	6目増
④	24目	6目増
③	18目	6目増
②	12目	6目増
①	わの作り目に細編み6目編み入れる	

前あし2枚

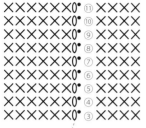

段数	目数	増減数
⑪		
⑩		
⑨		
⑧		
⑦	10目	増減なし
⑥		
⑤		
④		
③		
②	10目	5目増
①	わの作り目に細編み 5目編み入れる	

後ろあし2枚

段数	目数	増減数
⑩		
⑨		
⑧		
⑦	10目	増減なし
⑥		
⑤		
④		
③		
②	10目	5目増
①	わの作り目に細編み 5目編み入れる	

耳2枚

下

上

編みはじめの糸を
30cm残す

段数	目数	増減数
④	5目	増減なし
③		
②	5目	2目増
①	くさりの作り目に細編み 3目編み入れる	

マズル1枚

下

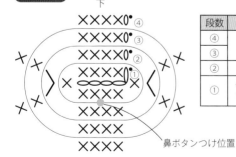

鼻ボタンつけ位置

上

段数	目数	増減数
④	12目	増減なし
③		
②	12目	2目増
①	くさりの作り目に細編み 10目編み入れる	

しっぽ1枚

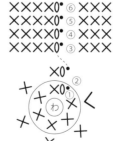

段数	目数	増減数
⑥		
⑤	7目	増減なし
④		
③		
②	7目	1目増
①	わの作り目に細編み 6目編み入れる	

編み目記号表

くさり編み　針に糸を巻きつけ、糸をかけ引き抜く。

引き抜き編み　前段の目に針を入れ、糸をかけ引き抜く。

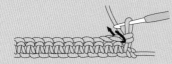

細編み　立ち上がりのくさり1目は目数に入れず、上半目に針を入れ糸を引き出し、糸をかけ2ループを引き抜く。

立ち上がり1目　　上半目に針を入れる

細編み2目編み入れる　同じ目に細編み2目を編み入れる。

2目　　1目増

 同じ目に細編み3目を編み入れる

 同じ目に細編み5目を編み入れる

細編み2目一度　1目めに針を入れ糸をかけて引き出し、次の目からも糸を引き出し、糸をかけ3ループを一度に引き抜く。

 1目めに糸をかけて引き出し、2目め、3目めを引き出し、糸をかけ4ループを一度に引き抜く。

眞道 美恵子
<small>しんどう みえこ</small>

あみぐるみ作家
愛犬・愛猫の特徴をとらえつつ、かわいくデフォルメしたオリジナルのあみぐるみ人形をオーダー制作。ディテールにこだわった、私だけの作品作りを心がける。銀座・吉祥寺にてあみぐるみ教室「もんぱぴ」を主宰。編み図販売・オンラインレッスンも開催。2016年より毎年3月には個展を開催。多摩美術大学日本画科卒。

https://monpuppy.com
掲載作品の作り方ポイントと動画をホームページで公開

編集	武智美恵
デザイン	伊藤智代美
撮影	島根道昌
トレース・校正	ミドリノクマ

素材協力　　クラフトハートトーカイ（藤久株式会社）
　　　　　　https://ec.crafttown.jp/
　　　　　　TEL 052（776）2411

　　　　　　クロバー株式会社
　　　　　　https://clover.co.jp
　　　　　　TEL 06（6978）2277

　　　　　　ハマナカ株式会社
　　　　　　hamanaka.co.jp
　　　　　　TEL 075（463）5151（代）

　　　　　　Pandra House（イオンリテール株式会社）
　　　　　　https://www.pandorahouse.net

撮影小物協力　Decomama デコママ
　　　　　　https://www.decomama.com/

抱っこしたくなる
<small>だ</small>
あみぐるみワンコ

2021年 1月 1日　　第1刷発行
2024年 7月20日　　第9刷発行

著　者	眞道美恵子
発行者	竹村 響
印刷所	株式会社文化カラー印刷
製本所	大口製本印刷株式会社
発行所	株式会社 日本文芸社
	〒100-0003　東京都千代田区一ツ橋1-1-1 パレスサイドビル8F

Printed in Japan 112201215-112240708 Ⓝ 09（201085）
ISBN978-4-537-21854-1
URL https://www.nihonbungeisha.co.jp/
©MIEKO SHINDO 2020
（編集担当　牧野）